公司要什么，我就有什么

三石 著

北方文艺出版社

图书在版编目（CIP）数据

公司要什么，我就有什么：如果你是老板，会不会聘用现在的自己 / 三石著 . -- 哈尔滨：北方文艺出版社，2018.8

ISBN 978-7-5317-3980-7

Ⅰ.①公… Ⅱ.①三… Ⅲ.①职业选择-青年读物 Ⅳ.①C913.2-49

中国版本图书馆 CIP 数据核字（2018）第 130924 号

公司要什么，我就有什么
Gongsi Yao Shenme Wojiu You Shenme

作　者 / 三石

责任编辑 / 王丹　赵芳

出版发行 / 北方文艺出版社　　　网　址 / www.bfwy.com
邮　编 / 150080　　　　　　　　经　销 / 新华书店
地　址 / 黑龙江现代文化艺术产业园 D 栋 526 室

印　刷 / 北京海石通印刷有限公司　　开　本 / 710×1000　1/16
字　数 / 200 千　　　　　　　　　　印　张 / 16
版　次 / 2018 年 8 月第 1 版　　　　印　次 / 2018 年 8 月 第 1 次印刷

书　号 / ISBN 978-7-5317-3980-7　　定　价 / 45 元

前言

公司要什么，我就有什么

相信职场里每一个对自己的前途和命运很负责任的人，都会关心这样的问题：公司对一名员工最起码的要求是什么？公司会青睐和重用什么样的员工？公司会把机会、资源和最大力度的支持优先给什么样的员工？什么样的员工在职场最有发展前途？想要在职场里成功，有哪些东西是不可或缺的？

这些问题，其实都可以浓缩为一个问题："公司要什么？"这个问题，或者说上述的这些问题，都是本书要为你解答的。

任何一家公司对每一位员工最起码的要求是：具备做事做到位的执行力，能够按照公司的要求把每一项安排到其身上的工作落实好，按时完成任务。当然，要是能完美执行，就一定能引起公司的注意；如果总能完美执行，就必定会被公司重视和重用。如果一名员工连执行力都没有，很容易就会被公司解雇，甚至被淘汰出职场！如果你有执行力，你就能在职场站稳脚跟。如果你总能完美执行，每次都保证完成任务，必能在公司里脱颖而出，受到公司的青睐，很快就能加薪、升职。

想要落实到位，保证完成任务，总能完美执行，你需要具备高度负责的责任心与总能超越公司预期的胜任力。责任心特别强的员工，总能主动承担责任，工作认真、用心、细心，从不敷衍了事、随便应付工作，往往都拥有老板心态和主人翁精神，所以他们做事总能做到位，让公司放心。任何公司都希望自己的员工能够做得比公司预期的还要好。当员工拥有了胜任力后，就能超越公司期待地执行任务，所以这类员工是公司最想要的。

任何公司都要求员工善于合作，拥有团队精神，在团队与个人利益产生矛盾时，能做到"公司高于自己"。员工如果善于合作，能迅速融入团队，对公司是好事，对员工本人来说，也是有百利而无一弊的事。

因为你乐于并善于与团队里的其他成员合作，等你需要帮助时，才能更容易向团队借到力，助你完成任务。所以，总能维护团队利益的员工，不但自己不会吃亏，还拥有了巨大的支持力量。

任何公司在发展过程中都会时不时遇到一些非常棘手、很不好解决的难题，这时候公司必然希望有人能及时站出来，展现自己的能力，提供有效的方法，迅速把难题解决掉。这样的人在公司里哪怕只有一两个，这家公司的发展也是有保障的。如果你正好是"难题终结者"，必受公司重用。

在公司里，即使你目前还做不了"难题终结者"，但是你也一定要学会管理好你的时间，让自己成为一个高绩效员工。当你做事总能事半功倍，能用更少的时间做出更好的业绩时，你同样是公司最需要的人才。

公司会优先重用适应力强的员工。因为这类员工遇到困难和问题时，不去怨天尤人，而是努力想办法解决问题；在遇到挫折和失败时，这类员工尽管也会消极，但却能很快从中解脱出来，重新振作。在当今这个十倍速变化的时代，适应力越强的员工，越能主宰这个时代，所以就越会被公司重用。

为了公司的未来，其实更是为了员工自己的未来，公司会要求每一位员工都能不断主动地去提升自己的学习能力与创新能力。如果每一位员工都能够主动学习，不断成长与进步，让自己总是走在不停进化的路上，就一定能非常轻松、从容地适应现在与未来。

公司也会鼓励员工勤思考，多创新。如果一名员工总能在产品上创新，在做事方法上创新，在发展模式上创新……总能在公司需要的地方创新，公司当然会重用这样的员工。因为正是这样的员工，让公司的竞争力更强大，回报更丰厚。

公司要什么？公司要求员工具备执行力、责任心、胜任力、团队精神、难题解决力、绩效、适应能力、学力、创新能力。如果这些你都有，而且都做得很好，那么你在公司里必定很受重用，在职场里的发展前景，一定会比绝大多数人都要好。

愿本书能帮助到职场中的你，在公司里迅速脱颖而出！愿你从本书里收获到你想要的东西，伴你踏上实现理想的道路！

目录

第一章　完美执行：公司要求落实到位，我保证完成任务

没有强大的执行力，一切都无从谈起 / 2
等到万事俱备，已然失去机会 / 6
三流点子加一流执行，胜过一流点子加三流执行 / 9
把任务完成在今天，别让它陪你"过夜" / 12
做好了，才是真正的执行 / 16
高效复命，一分钟也不耽搁 / 20
以"说到做到"铸就你执行力强的金字招牌 / 23

第二章　高度负责：公司强调主动承担，我当责不让

责任心：职业化的灵魂，成功的基石 / 28
小心 100 - 1 = 0：1% 的错误会带来 100% 的失败 / 32
选择"随便"就是选择"被淘汰" / 35
对工作负责就是对自己负责 / 39
做最"傻"的员工：认真工作才是真聪明 / 43
这是你的工作：培养老板心态、主人翁精神 / 47
你对工作够用心，公司对你就放心 / 51

第三章　超越预期：公司"期望二"，我"做到十"

超越期待，是职场成功的捷径 / 56
老板能给你的最好评语："你比我预想的还要好" / 60
你能超越期待，回报不请自来 / 64
期望二，做到十，你的竞争力想不强都难 / 68
先有超越期待的付出，后有超越期待的收获 / 72
始终领先他人一步，就步步占据先机 / 76
能做到 100 分，就总能做到 120 分 / 79

第四章　融入团队：公司推崇团队精神，我善于合作

合作力，适应未来变化的必需之力 / 84
我们天生需要合作，离开团队易陷困境 / 88
帮助别人其实就是在帮助自己 / 92
善于合作，和同事一起产生 1+1 > 2 的威力 / 95
既有能当杰出主角的实力，又有能当出色配角的心态 / 99
会与团队成员融洽相处，更容易借到力 / 102
培养一种"公司高于自己"的精神 / 105

第五章　能解难题：公司要有人解困厄，我是"难题终结者"

越能解决难题，越有好前程 / 110
怕，就"绝不可能"；敢，就"绝对可能" / 113
做"问题猎手"：第一时间察觉问题并妥善解决 / 117

抓住要点与根本，难题迎刃而解 / 120
把难题想透彻，就能轻易解决 / 124
少问"如果"，多说"如何" / 127
化劣势为优势，化危机为机会 / 130

第六章　绩效出众：公司重视业绩与高效，我事半功倍

不做无用功，撕掉"无效工作狂"的标签 / 136
抓住"时间窃贼"，忙出高效 / 140
用好"二八定律"：先把时间留给重要的事 / 144
管好时间，让每一分钟都不虚度 / 148
把时间用在"最有生产力"的地方 / 151
让工作秩序化：做好任务清单，照单"做菜" / 155
专注出高效：集中精力，一次解决一件事 / 159

第七章　轻松适应：公司期待从容应对变化，我适应力强

想要职业成功，首先拥有强大的适应力 / 164
无能者怨天尤人，杰出者从不抱怨 / 167
不是工作来适应你，而是你去适应工作 / 171
再不起眼的工作也能做出好成绩 / 174
越早适应新生活，越早品尝好成果 / 178
主动"找罪受"，更容易出成就 / 181
学会调整情绪与心态，把快乐融入工作 / 185

第八章 不断进化：公司提倡好"学力"，我一直在学习中升值

"学力"胜于学历：会学习的员工前途更好 / 190
成功是失败之母，优秀是卓越的大敌 / 194
成功者学习别人，失败者学习自己 / 198
要学以致用，更要"用以致学" / 202
让你不断进步的"三大法宝"：反省、总结、改善 / 206
学会归零，拥有让自己"重生"的能力 / 210
只要你想学，职场处处可"充电" / 214

第九章 用好创新：公司要求适时创新，我向创意要业绩

向自己要创新，向创新要业绩 / 220
拆掉思维里的墙，机会就会来找你 / 223
在执行中创新，会有更好的结果 / 227
另辟蹊径是捷径：转换新思路，得到新出路 / 231
"此路不通"时，赶紧寻找新的方法 / 235
带着思考去上班，未来就由自己掌控 / 239
掌握激发创新的四种方法，每天"换一个大脑" / 243

第一章

完美执行

公司要求落实到位，
我保证完成任务

Perfect execution

没有强大的执行力，一切都无从谈起

身处职场的你，是否经历或看到过这样的事情：星期一的早会上，老板和大家详细地讨论了未来一个月的工作计划，并敲定了好几个要落实的项目。在早会结束前，老板让秘书抓紧时间整理好会议记录，第二天早上交给他。

秘书接到任务后，心想老板明天才要这份会议记录，下午再整理都来得及。没想到，一直拖到下班的时候，她都还没有开始整理！她只好把相关资料、录音等带回家，准备晚上在家里加加班，整理好。

晚上回家后，吃完晚饭、洗漱完毕后，她正准备开始整理会议记录，没想到电视上正放着很吸引人的电视节目，她于是对自己说，就看几分钟，然后马上就去工作。但几分钟后，她又让自己多看了几分钟……到电视节目结束时，已是深夜，她已经困得只想睡觉了。于是，她只好先睡觉，然后打算第二天早一点儿到公司去整理。

第二天她并没有起得很早，到公司时，离上班时间已经不足半个小时。她只好赶紧整理。当老板问她要整理好的会议记录时，她还没有整理好。老板对她很失望，并严厉地批评了她。

如果你是老板，你会怎样评价这位秘书对这件事情的执行力？我们再来看看另一位职场中人的一次表现。这天上午，老板把负责广告策划的阿丁叫到了自己的办公室，然后交代他去做某个产品的广告策划案，并让他在下午5点前交给自己。阿丁接到任务后，答应了老板，就回到了自己的位置上。

阿丁看了一下手机上的时间，离下午5点还有将近七个小时，于是他觉得不用着急，正好手上还有别的工作，便先忙别的去了，所以迟迟没有去落实那个广告方案。没想到，时间过得很快，当他准备做老板交代的广告方案时，已经是下午3点多了。他只好匆匆忙忙地开始做广告方案。在时间严重不足的情况下做出来的广告方案，质量自然不好。老板看了之后非常不满意，批评阿丁说："这个方案真的是用心去做了吗？拿回去重做一份！"

如果你是老板，你会怎样看待阿丁的这件事？在职场里，无论你是老板还是员工，如果没有强大的执行力，都不可能做成任何事情，做出任何优异的业绩。老板如果执行力太差，公司就会倒闭；员工如果执行力太差，轻则会让老板失望，不被老板重用，得不到加薪升职的机会，重则会被解雇，甚至在职场里找不到一份新的工作。

没有强大的执行力，一切都无从谈起。公司对任何一位员工的最起码的要求，就是拥有保证完成任务的执行力。怎么理解？刚才提到的秘书和阿丁，就没能保证完成任务。所以，二人的执行力都是不合格的。秘书能在次日早上把会议记录交给老板，才是保证完成任务；阿丁在下午5点前给老板提供一份至少质量尚可的广告方案，才算是保证完成任务。

什么是强大的执行力呢？我们来看一看富士康老板郭台铭的一个故事。

有一家美国著名电脑品牌公司想在台湾寻找一家长期合作的代工制造商，于是准备派出一个考察团到台湾去，把有合作实力的制造商都考察一遍。得知这一消息后，台湾的几家实力最强的代工制造商都想把这个客户拉到自己这里，和自己合作。于是大家都做好了迎接考察团到来的准备。

考察团到达的当天，其中一家代工公司的老板王先生早早地便来到了机场，准备迎接考察团一行的到来。正当他以为自己是第一个抵达机场的人时，他却发现当时台湾最大的电脑代工制造商公司的林董事长，早已带着手下员工等候在那里了。

　　见到此情此景，王先生心里凉了半截。自己的公司实力远远比不上他们，还只来了自己一个人，看来自己怕是竞争不过对方了。但既然已经来了，就先和考察团负责人打个招呼，建立一下联系吧，也许以后还能有合作的机会。

　　考察团乘坐的航班准点到达。当考察团一行人走出来时，王先生和林董事长他们都迅速走了过去。然而很快他们便发现，有一个他们非常熟悉的人正在和考察团的人，尤其是负责人，有说有笑地一起走过来。这个人就是郭台铭。

　　原来，郭台铭一得到了这家公司要派考察团来台湾考察、选定长期合作伙伴的消息后，便马上派人了解了考察团一行的飞机航班信息。然后，在考察团一行人转机时，他便坐上了同一架飞机。由于准备充分，且先人一步，所以在飞机上，郭台铭就已经和考察团谈得差不多了，合作意向基本达成，只待参观考察完郭台铭的工厂后，就可以敲定合同。

　　郭台铭后来回忆起这件事时说，如果自己和其他同行一样，只是在机场里等待考察团下飞机，然后被动地等待考察团的考察，这次合作的机会不一定会落到他的头上来。这就是郭台铭的强大执行力，永远比别人早一步行动，比别人更快地落实！如果没有强大的执行力，不能比竞争对手们更快地行动，又怎么能抢占先机呢？如果连机会都没有，又谈何成功呢？

　　有些人可能觉得郭台铭是成功人物，能够拥有强大的执行力，一点儿也不稀奇；自己只是普通人，不具备很强的执行力，常常会拖延也很平常。那么我们不妨看看下面这位初入职场的普通员工在应聘时的表现。

　　大学毕业后，陈雄来到了深圳，希望自己能在这里创造出属于自己的一片天地。然而，理想很丰满，现实很骨感。整整找了一个月工作，他依然没能找到一个合适的，这让他开始有了一点点恐慌感。为了消除这种可怕的感觉，他继续努力地找工作。这一天，他看到有一家著名企业的内刊公开招聘记者，于是他兴冲冲地带着自己以前的作品，去了招聘现场。

没想到，一个职位却吸引来了三百多个应聘者。陈雄稍微了解了一下，发现自己的这些竞争者里，在学历、资历、年龄、口才等好几个方面都胜过自己的人，还挺多的。他由于来得有点儿晚了，所以被安排在几乎最后等待面试。

随着时间的推移，一个又一个应聘者面试完后离开了。陈雄感觉自己的紧张情绪越来越严重了。这时，身边几位等待面试的应聘者的闲聊引起了陈雄的注意。有一个人说："这次来应聘的大多数都是有工作经验的人，竞争还是挺激烈的嘛。"又有一个人说："这一个小小的内刊招聘一个人，面试还搞这么复杂，真想不通。"旁边一个人则说："这次面试会肯定要看看应聘者的写作水平如何，如果没带作品集来，肯定要吃亏了。"这时，又有一个人说："如果没带作品集，估计会被要求当场写点儿什么东西，其实，当场写一篇类似于新闻报道的文章，更能体现自己的水平。"

说者无心，听者有意。陈雄心里一动，当即在简历的背面写了一篇叫作"求贤若渴"的现场短新闻。轮到他面试时，陈雄把自己的这篇即兴作品呈给了面试官们。结果，他最终被录用了。面试主考官对他说，前来面试的三百多人里，只有他有这种马上执行的精神，还提供了一篇特别能体现他观察能力、新闻采写能力、新闻报道能力的东西。这种马上就做的强大执行力，甚至比他的新闻观察、采写能力更难能可贵。

职场中的你，如果没有强大的执行力，无论你想获得任何成功，都是不可能的；没有强大的执行力，无论你想加薪、升值还是被公司重用，都无从谈起。一旦拥有了强大的执行力，就一切皆有可能；一旦拥有了强大的执行力，你就拥有了强大的职场竞争力，你就已经走在了职业成功的路上。

等到万事俱备，已然失去机会

任何公司都不会聘用一个总是等待而不去迅速落实的员工，所有的老板都青睐那些接到了任务指令就能马上去执行的员工。任何公司都最想要能够抢先一步去执行的员工，所有老板都喜欢重用"其他人还没开始行动，他就已经做好了"的员工。

任何公司都不喜欢"等到条件成熟了就去做"的员工，因为经验丰富的老板都知道，等到"条件成熟"的时候，机会早就已经被竞争对手抢走了！事实上，很多员工的所谓"等到准备充分了""等到条件成熟了"之类的说辞，只不过是一堆掩盖自己拖延习性的借口而已。

即使有些员工是真的想"等万事俱备了就马上行动""等条件成熟了一定执行"，然而，你的那些优秀的同事们并不会这样做，他们只会迅速行动，在执行中不断寻找解决问题的方法，在解决中前进，直到把事情做成。于是，对比之下，任何公司都必然更愿意重用后者。

美国石油大亨洛克菲勒说过："那些被动的人会平庸一辈子，恰恰是因为他们一定要等到每一件事情都百分之百有利，万无一失以后才去做。这是傻瓜的做法。"身在职场的我们，一定要好好理解一下洛克菲勒的这一段话。为了帮助自己理解，你不妨看一看下面这个案例。

1973 年，来自英国利物浦的科莱特成了美国哈佛大学的大一新生。科莱特在大学一年级时常常和一个美国小伙子一起去听课。这个美国小伙子当时 18 岁，学习非常认真、刻苦，拥有旺盛的求知欲。

然而没想到，到了大学二年级的某一天，这个小伙子居然想说服科莱特和他一起退学去开发32Bit（32位操作系统）财务软件。当时，在相关的新编教科书里，已经解决了进位制路径转换的问题，这个小伙子觉得可以退学，然后专心在这方面大干一场。

科莱特被这位同学匪夷所思的做法差一点吓到了。他拒绝了这位同学的"可怕"相邀，拒绝的理由有二。其一，科莱特认为自己是来哈佛大学求学的，不是来玩的；其二，关于Bit（比特，信息的最小单位）系统，教授才教了大家一点儿皮毛，想开发Bit财务软件，不学完大学的全部课程是不可能办到的。

科莱特没想到的是，他的这位同学为了实现其梦想，竟然真的退学了！十年后，科莱特成为哈佛大学计算机系Bit领域的博士。而他的那位当年退学的同学，则在这一年登上了美国《福布斯》杂志亿万富豪的排行榜。

1992年，科莱特继续攻读博士后，而那位美国小伙子则成了美国排名第二的富豪，个人资产达到了65亿美元，仅次于"股神"沃伦·巴菲特。

1995年，科莱特觉得自己在专业上已经准备得非常充足了，可以研究、开发Bit财务软件了，结果他沮丧地发现，他的老同学早已绕过了Bit系统开发出了Eip（企业信息门户）财务软件，后者比前者的运行速度要快得多！

Eip财务软件上市后，在两周内便占领了全球市场。随着Eip财务软件风靡全球软件市场，科莱特的老同学在这一年正式成为"世界首富"。是的，当年鼓动科莱特与自己退学去开发Bit财务软件的人，名字叫作比尔·盖茨。

大多数人都和科莱特一样，认为想创业就必须拥有完备而精深的专业知识，就必须懂得这样的技术，拥有那样的能力。然而所有创业成功的人都证明了一点，那些能够最终创业成功的人，在刚开始创业的时候，都是知识不多、经验不足、能力有限的。但是，他们都拥有着清晰的目标，知道自己最想要的是什么，然后在追求目达成的过程中，需要什么方面的知识就补充什么方面的知识，需要哪项能力就锻炼哪项能力，需要聘用什么样的人才来帮助自己就想方设法去聘任该方面的人才……他们没有一个人是等到所有条件都准备好了才开始创业的。事实上，也不可能有准备得万无一失的时候，因为世界每时每刻都在不断地变化，我们能做的只能是遇到什么问题就解决什么问题。

等到万事俱备，已然失去机会。就拿比尔·盖茨来说，如果他像科莱特那样，至少学完了大学全部课程才去创业，恐怕他已经错过了最佳的创业时机，别说"世界首富"很可能与他无缘，连登上富豪榜的机会都微乎其微。

这个案例既启示了每一家企业，在这个"快鱼吃慢鱼"的时代，一定要统筹好产品竞争与市场竞争、质量竞争与速度竞争的关系，在紧抓质量完美时，更要有时间意识，要想方设法抢占先机。

这个案例又启示了职场里的每一个人，在职场中，发展和成功的机会总是有限的，你想要获得更好的发展资源和成功的助力，就必须学会在面对职场竞争时，抢先一步，比其他人都更快地把任务落实好，把业绩更快更好地做出来，成为拥有强大执行力的人。

世界上最愚蠢的事情就是"等到以后准备好了、条件成熟了，我就去做什么事"。因为当你总是这样想的时候，你可能永远都不会开始行动。事实上，当需要你马上付诸行动的时候，你便立刻去执行，这就是最好的准备。切记，现实世界没有完美的开始时间，开始执行的最佳时间就是现在！

三流点子加一流执行，胜过一流点子加三流执行

李想和刘一成从大学毕业后，进入了同一家企业，但在不同的分公司工作。二人所在的企业是一家很重视创新的企业，老板经常给大家强调创新的重要性。李想和刘一成感觉自己能进入这家企业，是一种上天的眷顾，因为他们都是好想法、好创意、好点子特别多的人，所以他们都各自认为，自己一定能在这样的一家企业里工作得如鱼得水，前途一定会很美好。

时间过得很快，两个人进入这家企业工作已经有一年的时间了。虽然时间相同，但是两个人在公司里的发展状况完全不一样。在过去这一年里，刘一成因为做出了很多成绩与贡献，所以受到了公司的高度赞扬与大力奖励；李想却因为没能提供任何像样的成绩，而受到了公司的批评。

刘一成和李想在刚进入公司时，起点其实都差不多，能力和才华也相差不大，甚至李想刚开始时留给大家的印象还要更好一些。因为初入职场时，李想表现得比刘一成脑子更加灵活，思维更加敏捷，学识更加渊博。但为什么一年后却令公司很不满意呢？关键原因是，两个人的执行力差距特别大！

公司对李想过去一年的工作很不满意，原因是执行力比较差。领导交代他去做的事，难度不大的、在他能力范围内的，他倒是也能落实得比较好。但是，如果在执行过程中遇到了较大的困难时，他比较容易放弃，或者把问题丢回给领导。他确实也是一个比较有才华、爱开动脑筋、挺有创

意的人，总能想出一些好点子。但是，即使领导认可了他的创意和点子，然后让他马上去落实，他也还是会拖延，仿佛希望有别的同事能替自己去落实似的。如果没有强大的执行力，再好的创意、点子，也不可能落实，再好的想法也只会是空想。所以，执行力较弱的李想，工作了一年也没有做出什么值得领导称道的成绩。

刘一成的行动力很强，领导安排他去做什么事，他能够马上去执行，无论遇到什么困难，他都能够想方设法去解决，如果自己解决不了，他也能找到帮助自己解决的人。他本身也是一个很有想法、经常能冒出一点儿创意的人。更重要的是，当他把自己的创意、想法、点子告诉领导后，领导觉得值得去落实时，他能够马上去实现。所以，他不但能够落实领导交代给他的事，还能够把自己的创意、想法、点子迅速落实，给公司提供出或大或小的成绩。

如果你是老板，你会对李想还是刘一成更满意，你会重用谁呢？无数事实证明，任何公司都更愿意重用刘一成这样拥有良好执行力的员工。

日本软银公司董事长孙正义说过："三流的点子加一流的执行力，永远比一流的点子加三流的执行力更好。"对于任何企业来说，员工首先必须具备的是最起码的执行力。什么是最起码的执行力呢？就是保证完成任务。公司交代给你的任务，你一定要保质保量地完成，给公司一个满意的结果，这样就是完成了任务。当你总能保证完成任务后，你还能提供好的创意、想法、点子，并且还能把创意、想法、点子落实好，那么你一定会获得公司的青睐和重用。事实上，只要你拥有了一流的执行力，无论你是老板还是员工，你的回报都会非常大。

20世纪末，泰森与霍利菲尔德上演了一出世界拳击史上著名的闹剧。在该场拳击比赛上，霍利菲尔德老是用头顶撞泰森，甚至将泰森右眼角给撞裂了。泰森对此感觉非常恼怒和不公平，于是一口咬掉了霍利菲尔德的半个耳朵。

这件事通过各种媒体的迅速传播，世人马上都知道了。正当人们纷纷热聊这件事，将它当作一件饭后笑料时，有人却从中发现了商机。这个人是美国糖果商雪夫特尔。事件发生后，他迅速让公司制作了一款叫作"霍利菲尔德之耳"的巧克力。这款巧克力制作得充满了创意，只见它被做成了栩栩如生的耳朵形状，耳郭上方还特意有一些缺口。巧克力制成后，雪夫特尔让工人在包装上印上了霍利菲尔德的头像。然后，这款巧克力被迅速摆到了美国各大超市的货架上。

"霍利菲尔德之耳"巧克力迅速受到美国大众的争相购买，其中小朋友们最为喜欢。喜欢吃巧克力的人，都跑到超市里去买了一些，然后将老霍的"耳朵"一咬为快。有不少平时不怎么爱吃巧克力的人也买了大号的巧克力，带回家摆在玻璃柜里，当客人来家里做客时，宾主都会发出会心的笑声。就这样，"霍利菲尔德之耳"巧克力畅销一时。

雪夫特尔利用这次事件的轰动性效应，想出了这样一个点子，然后迅速制造出了外形新奇的产品，大大地赚了一笔。这样的执行力，很值得职场里所有人学习。也许，雪夫特尔这个创意算不上是一个非常好的点子，但最为可贵的是，他迅速地将它执行了出来。

借用孙正义的话，三流的点子加一流的执行力，比一流的点子加三流的执行力要更好。雪夫特尔团队毫无疑问地拥有一流的执行力，而他的这个点子即使称不上一流，但也不差，所以产生出来的效果非常好，回报非常大。

无论你身处哪一家公司，如果你的执行力很弱，即使你的创意、想法、点子让人眼前一亮，但迟迟不去落实，那么只能是空想，长此以往，你终将一事无成。如果你拥有了一流的执行力，即使你想不出很好的创意、想法、点子，你也照样能创造出让公司满意的业绩、成果，你也一定会被公司重用。所以，一定要让自己拥有强大的执行力。

把任务完成在今天，别让它陪你"过夜"

如果你想成为一名优秀的员工，被公司青睐和重用，就必须从今天开始做起，把今天该完成的任务在今天之内努力完成，不要让它"过夜"，拖延到明天。如果你总是把事情留到明天才去做，把问题留到明天才解决，那么明天很可能会成为你的失败之日。

在某家公司的各个办公室里，每个人这几天都忙得团团转，因为老板要到海外公干，且要在一个国际性的商务会议上发表专题演说，所以大家都在帮老板进行方方面面的准备，例如他的演讲稿的准备、他必须要带的所有东西。

终于到了老板要出发的那一天早晨。公司高层、中层的骨干都来到机场，准备送机。在大家等待老板前来机场的时候，老板的秘书问其中一个部门的主管道："你负责的文件打好了吗？"

该主管打了打呵欠，睁着惺忪睡眼回答说："这些天都在加班加点，昨晚我实在熬不住了，就打算今天再准备，然后就睡觉去了。但我也只睡了四个小时，就起床急匆匆赶过来了，所以就没有打出来。反正我负责的文件是以英文撰写的，老板看不懂英文，不可能在飞机上复读一遍。等他上了飞机之后，我回到公司去，把文件打好了，然后传真过去给他就好了。"

过了一会儿，老板来到了机场。没想到，老板见到大家的时候，首先就问了这位主管："你负责的那份文件和数据准备好了吧？现在给我一下。"

这位主管当然没办法给老板文件,只好按自己的想法回答了老板。老板一听,非常生气:"你这项工作是严重失职啊!我都已经计划好了,要利用好在飞机上的时间,与一起去的外籍顾问研究一下这份文件和数据。你现在这样,我的计划就被打乱了!"听完老板的话,这位主管脸色惨白。老板只好让他赶紧回去补救。

有一位成功人士曾说过,工作完成的最佳时间是在昨天。他的意思应该是,尽可能把昨天应该完成的工作,在昨天就完成,而不要拖到今天才去做。如果习惯了拖延,难免会遇到被老板要,结果而自己却还没有完成的慌乱情况。每天该做的工作,就在当天全部完成,不要让它陪你"过夜",跟着你来到第二天,这样你的执行力、职场竞争力会越来越强。

微软公司的创始人比尔·盖茨说过:"过去,只有适者才能生存;如今,只有最快地处理好事务的人才能生存。"这告诉我们,如果你能习惯于"把工作完成在昨天",你必定会成功。如果你总能今天的工作今天圆满完成,不让它拖延到明天,那么你即使身处人才竞争最激烈的公司,也能立于不败之地。

任何公司都希望自己的每一位员工,都能够"今日事,今日毕",如果你能够做到这一点,你就拥有了很好的执行力,你一定会被公司重用。所有成功的公司,都一定会要求每一位员工能马上落实工作,迅速解决问题。

海尔公司是一家闻名世界的成功公司,其成功之道有很多,而"交代的任务尽可能当天之内完成""今日事,今日毕""遇到问题马上解决"必定是其中一个原因。例如,海尔公司要求海尔的客服人员,在面对客户对公司提出的任何要求时,无论是大事还是小事,都必须在客户提出的当天给予答复,与客户就工作细节协商一致,然后丝毫不能走样地按照协商的最后结果办理。办好之后,要第一时间反馈给客户。

在遇到客户的抱怨、投诉时,公司相关员工要第一时间对此加以解决。如果自己解决不了，就马上汇报给自己的上级，然后让上级在最短的时间内想出解决的办法。正是这种"一定要在当天给予客户答复""一定要用最快的速度解决问题"的对客户高度负责的态度和执行力，让海尔公司赢得了无数客户的心，所以海尔公司才会发展成为一家世界级的成功企业。

任何成功的公司，都会要求自己的员工能够在第一时间内完成公司交代的工作任务。越能够提前完成工作任务的员工，越能让公司放心；越能让公司放心的员工，前途就越好。无论你身处任何公司或组织，都一定要养成"即日行动""把任务完成在今天"的习惯。这样，你就能成为让公司放心的人。

事实上，任何成功者都明白"今天"意味着什么，都懂得"即日行动"的重要性。英国前首相丘吉尔平均每天要工作十七个小时，这使得他手下的十个秘书整天忙得团团转。为了提高政府机构的工作效率，丘吉尔在执行力差的官员的手杖上都贴上了"即日行动"的字条，用以警示他们，把执行力迅速提升上来。

有人可能会说："今天的工作做不完，留到明天再干也没什么啊。明天我一定会好好干，把它干完的。"偶尔一次两次这样做也许问题不大，然而，万一养成了这样的习惯，对于你本人的发展可就麻烦大了。因为成了习惯后，你就会事事都想着留到明天，于是乎"明日复明日，明日何其多。我生待明日，万事成蹉跎"。要知道，"今日复今日，今日何其少！今日又不为，此事何时了"。因此，千万不要把今天能完成的工作拖延或推迟到明天。世事无常，谁也说不准明天会发生什么事情，只有把握好当下的今天，才是最稳妥、最科学、最高效的工作与生活方式。

如果你真的想让公司重用你，想让自己取得职场成功，就请永远不要说"我明天一定会努力的""我明天会去执行的""我明天一定会把这项任务完成"之类的话。不要什么事情都指望着明天，不要总是对明天充满了期待，却对眼前的今天视而不见。当你总是把希望寄托在明天时，你就会习惯于明天拖延到后天，后天拖延到大后天……结果将工作一拖再拖，直到将问题的转机拖延成了新的危机。

切记，今天才是完成工作任务的最佳时间。为明天准备的最好方法，是集中你所有的时间与精力、智慧与热情，把今天该做的工作彻底完成，不留"尾巴"，这样你才会有充足的时间与精力去完成明天该完成的工作。

做好了，才是真正的执行

任何公司都想要执行力强的员工。何谓执行力强，首先是能够保证完成任务，其次是绝不拖延，第三是高效落实。在职场中，有些人在接到公司交代的工作任务后，也会马上去做，然而，这类人去做了很多工作，却依然得不到公司的认可，为什么呢？因为这类人虽然去做工作了，但是没有把工作做好。甚至能很快就把工作做完，然而却不能提供给公司一个令人满意的结果，这样的执行，自然不能称为真正的执行。

小延每次都总能把老板交代给自己的工作迅速去执行，然而，老板对小延却越来越不满意，因为小延每次做事都做不到位，甚至连差强人意都做不到。换言之，小延虽然迅速去做了，但并没有做好。

有一次，公司要接待一位重要客户，于是老板让小延去查一下公司附近的高档宾馆的情况。小延接到任务后便忙开了。几个小时后，小延便给老板发去了一封电子邮件，里面密密麻麻地写了二十多家宾馆的众多信息，包括宾馆等级、具体位置、服务质量、价位详情等。

老板看到这封电子邮件后心里很不高兴。他希望看到的是一份简洁明了的调查说明，最好附有小延的建议。例如，哪家宾馆附近的饭馆最适合客户的口味，哪家宾馆入住后会让客户出行最方便，哪家宾馆的附近有客户最想去逛的地方，诸如此类。

然而，在小延提供的调查信息里，并没有任何提及。老板只好自己重新调查研究，看看哪一家宾馆最适合那位客户入住。小延只是把资料汇集了，然而这样的资源，老板只要上网搜集即可。难怪老板会对小延很不满意。小延确实去做了老板交代给他的事，然而，他并没有把事情做到让老板满意。所以，小延将这件事执行得再快，也称不上是真正高效的执行。

几乎每家公司里都有小延这样的员工。这类员工总能很快就去执行老板交代给自己的工作任务，也能很快就提供给老板一个结果。然而，他们提供的结果却总是不能让老板满意，往往给老板一种鸡肋的感觉。他们往往会机械地去执行任务，而不懂得动脑去想一想，怎么样才能把事情做好，然后给老板提供一个满意的结果。

很多员工以为，把工作"做了"就是很有执行力了。其实并不是。把工作"做了"还远远不够，唯有把工作"做好了"，才能让公司和老板满意，然后对你青眼有加，在适合的机会去重用你。

不要以为"做了"与"做好"只有一字之差，其实本质上却差之甚远。"做了"只是走走过场，糊弄糊弄公司和老板，表演得仿佛自己做事很积极似的，其实根本就做不出让公司满意的结果；"做好"则意味着对工作质量的负责，全力以赴地执行，想方设法地落实，最终给公司和老板提供一个非常令人满意的结果。

满足于"做了"的员工，不但浪费了公司的资源，还麻痹了自己，自欺欺人。所以，别看这类员工总是忙忙碌碌，其实很难得到公司的重用，很难有发展的好机会。如果你想在职场中获得更多的发展机会，成为公司最想要的员工，就一定要努力把公司交代给自己的工作做到最好为止。

韩小花是一家手机销售公司的电话接待员，平日里的主要工作是给来电咨询的人介绍公司的产品，并建议他们与公司的销售部门联系。刚入职时，部门主管便教给了韩小花很多与工作密切相关的东西，例如怎样使用礼貌用语，如何介绍公司的产品，等等。她对主管很感恩。

小花发现自己的工作既稳定又轻松，一点儿也不费脑子，所以非常满意。她觉得，这种按部就班的工作很适合没有什么大志向、不想着获得晋升机会的人。她认为，只要自己能完成老板和领导交代给自己的任务，肯定就能保住这份工作。

没想到，两个月之后，部门主管向小花提出了严重的警告，原因是她在回答客户提出的问题时态度比较冷漠，在业务知识上也比较陌生。由于小花在工作上不认真，导致公司流失了很多客户。最后，部门主管对小花说，如果继续按照现在这种状态工作下去，公司很可能会解雇她！

领导的话让小花感觉非常委屈。她认为，自己一直都是严格按照公司规定的礼貌用语去与客户交流的，而且自己早已经把手机等产品的介绍背得滚瓜烂熟了，怎么可能会态度不认真呢？

她的部门主管告诉她，她与客户交谈的时候，确实使用了公司规定的礼貌用语，可是她的口气里没有一点儿对客户的亲切和热心，所以客户都很反感她所表现出来的工作态度；她确实背熟了产品介绍，但只是死记硬背，并没有理解它，每当遇到客户有什么质疑和提问时，她总是把解决问题的事"扔"给销售部门。这一桩桩工作所表现出来的问题，让公司看到，她确实是去做事了，然而却并没有把事情做好。

小花听了主管的批评后，深刻反省了自己，开始逐渐改变自己只是做事而并没有把事情做好的坏习惯，所以小花逐渐也能做好一些事情而不只是去做了而已。也正是如此，公司对小花的赞扬也逐渐多了起来。

做了不等于做好了，做了但没能提供一个很好的结果，就几乎等于没做。只有做好了，把工作任务落实得尽善尽美，给公司提供一个非常好的结果，才称得上是真正的执行。

山姆·沃尔顿是沃尔玛的创始人。在年轻时，沃尔顿通过努力学习考上了耶鲁大学。由于当时家里很穷，所以接到录取通知书后的沃尔顿便开始想办法筹集学费。最后他决定趁暑期打工。很快他便联系上了一项为一栋大房子刷油漆的业务。

这所房子的主人叫迈克尔，是一个非常挑剔的"完美主义者"，所以了

第一章 完美执行
公司要求落实到位，我保证完成任务

解他性格的油漆工们都没有想过去接这个活儿。但是，沃尔顿愿意。虽然迈克尔对工作结果很挑剔，但是给的报酬也很高。

沃尔顿便马上开始了油漆房子的工作。在工作时，他表现出来了一丝不苟的认真态度。由于从小就跟父亲学过油漆粉刷，再加上他非常用心工作，所以他刷完后的地方，让挑剔不已的迈克尔也感到很满意。

在即将完工的那一天，他为拆下来的一扇门板刷完了最后一遍红漆，然后把它支起来晾晒。正当他准备休息一会儿时，他却不小心被脚下的砖头绊了一下，然后撞倒了支起来的门板。结果，门板在刚粉刷好的雪白的墙壁上划出了一道清晰的红漆痕迹。

他立刻用切刀把墙上的红漆印切掉，然后调了些白色涂料补了上去。但涂完后他总觉得和墙上原来涂好的地方不协调。怎么办呢？他决定把那面墙重新刷一遍。但第二天他来到施工现场时却发现，那面墙涂得还是色调不一致，他只好有些沮丧地决定再重涂一遍。材料不够了，他又自掏腰包去买了一批。最后为了让墙面看起来漆得非常好看、协调，他比原来多花了一倍的本钱，还多花了两天时间。

迈克尔来验工时，他还向迈克尔道歉，将发生的事告诉了迈克尔。没想到，看着被沃尔顿刷得无可挑剔的房子，迈克尔不但没有怪他把工期延长了两天，还把他自掏腰包购买材料的钱，全都作为增加的报酬，支付给了沃尔顿。能够让挑剔的迈克尔这么做，自然是因为沃尔顿不但把工作做了，更是把工作做到了最好。

总之，在执行过程中，只有把工作做好了，做到了无可挑剔，才是真正的执行。只是"做了"还不够，还要做到让交代工作给你的人满意，才算是圆满地完成了工作任务。

高效复命，一分钟也不耽搁

高效复命，是指能保质、保量、按时甚至提前完成自己的工作和任务。这个词包含了两层含义，既要高效，又能复命。高效，大家都能理解；复命，可能有些人不太明白。什么是复命？复命，是指完成了任务后迅速回报情况，执行完成命令后马上反馈结果。站在职场的角度看，复命是指，公司给你分配了任务后，你必须在某个时间期限到来时或者提前给公司一个结果，你必须对结果负责，不得拖延。

谈到高效复命，笔者马上联想到了一家叫APUS（国内一家互联网公司）的公司。APUS是2014年6月成立的一家互联网公司，其APP（手机软件）上线一周，就已经累积了百万用户，不到两年就已经拥有9.2亿全球用户。到2016年时已突破十亿用户。这家公司刚成立时就获得了1亿元人民币的A轮融资；成立后的第六个月，B轮融资了1亿美元，并被美国《纽约时报》誉为"亚洲的独角兽代表"。（注：投资界对于10亿美元以上估值，并且创办时间相对较短的公司，称为独角兽公司。）

这家纯粹的中国互联网公司，正在高速发展着。它能够高速发展，有着一系列的成功原因，其中一个原因，就是团队里的所有人，都能够高效复命。在互联网沟通非常顺畅的今天，APUS早已通过一些规则，让团队高效地利用网络达成决策的统一。例如，APUS的高管们都有专门的公司群，里面有"十分钟群""三十分钟群"等。"十分钟群"是指十分钟内必须回复，"三十分钟群"是指三十分钟内必须回复。晚回复者，晚一分钟罚款100元、两分钟罚款200元，依此类推。通过这样的规则，APUS的高管们利用网络进行快速讨论，让团队的时间线变得非常敏感，让思路和行动能够高度一致。

事实上，在所有世界500强企业里，高效复命都是极为关键的理念、行为习惯和价值观之一，同时也是员工们的第一行为准则。很多成功企业甚至明确规定"四小时复命制""八小时复命制"等，所以团队才得以高效运转。而每一位优秀的员工都懂得高效复命的重要性，也总能做到绝不拖延、高效完成任务，做一名高效复命的员工。其实，能够高效复命的员工，更容易受到机会的青睐，获得更好的发展。

上海某公司里有一名外号叫"行动滑板"的职员，叫韩沪生。为什么他会被称为"行动滑板"呢？因为他无论做什么，被安排去完成什么任务，一旦接手，就会马上去做，用极快的速度保质保量地完成。

后来他被调入了销售部。虽然之前没有做过销售，但通过一段时间的努力学习和适应后，他的销售业绩从原来的全公司垫底，逐渐地往上提升着。在距离年底还有三个月的时候，公司高层给销售部下达了一项任务，必须完成年初定下的销售额任务。这意味着，在剩下的三个月时间里，销售部必须还要完成500万元的销售额。

销售部经理对此非常不满，认为这个任务是不可能完成的。他虽然不敢当面跟老板提出来，但在私下里却和朋友甚至下属们抱怨，说这是一个不可能完成的任务，老板太不为他着想了。在经理消极情绪的影响下，销售部的人也都觉得这个任务不可能完成。

韩沪生并没有受到经理消极情绪的影响，他努力地工作，想方设法地提升着自己的业绩，终于在离年终还有一个半月时，就完成了自己的销售额任务。而部门里的其他人，包括经理在内，都还没能完成各自应该完成的任务。他们每个人都觉得自己不可能完成任务，而韩沪生能提前完成自己的任务，他们认为也许是他撞了大运吧。

离年终还有一个月的时候,眼看着部门的销售额总目标似乎不可能完成了,经理主动辞职走了。这时,公司老板任命韩沪生为销售部的新任经理。韩沪生也真有办法,他竟然帮助一个又一个员工完成了任务。甚至有的人还超额完成了任务。于是,销售部的年度目标任务竟然奇迹般达成了。

韩沪生这位"行动滑板"不但展示了自己强大的执行力,还带领着部门的所有人高效复命。又过了一年,韩沪生带着销售部提前完成了年初制订的年度总目标。又过了两个月,韩沪生所在的公司被一家实力强大的跨国集团企业收购了。该集团的董事局主席在重组了这家公司后,亲自点名任命了韩沪生为公司的总经理。原来,韩沪生带领销售部连续两年高效复命的强大团队执行力,在业内已经广为流传。所以,集团主席在收购了这家公司后,首先想到的总经理人选,就是韩沪生。

拥有强烈的复命意识的人往往执行力都非常强大,且做事高效。这样的人往往更容易被机会眷顾。在职场里其实处处都有着成功的机会,但如果你没有强大的执行力,不能保证按时完成任务,不能做到高效落实,就不可能抓得住机会。唯有在工作中习惯于高效复命,一分钟也不耽搁,总是努力准时甚至提前完成任务,给公司提供优异的业绩,你才可能被公司重用,拥有一个美好的发展前景。

以"说到做到"铸就你执行力强的金字招牌

在一次拓展训练上,教练对学员们说,他做什么样的动作,大家就照着做什么样的动作。只见教练把自己的手放在了后脑勺上,然后对大家说:"请大家把手托在下巴上。"然而,所有人都把手放在了后脑勺上。教练微笑着问大家:"我让你们把手托在下巴上,你们却放在了后脑勺上,为什么会这样呢?因为你们都是按照我所做的去做的,而不是按照我所说的去做。这说明说得再好,也不如做得好。"

在职场中,你是否见过这样一类员工?他们能说会道,爱夸夸其谈,当公司交代什么工作任务让他们去完成时,他们总是会拍着胸脯,对老板说"没问题,保证完成任务!"然而,结果总是拖延完不成。久而久之,他们给了大家一个"说到做不到"的坏印象。对于这类执行力差的员工,时间一长,如果还不能提升自己的执行力,任何公司都不可能留着这样的员工,被解雇是他们很可能遭遇的命运。

我曾有过这样一位同事,每次老板给他分派任务时,他总是很高兴地接下任务,并且向老板承诺说自己一定会把任务落实好,请老板放心。刚开始时,老板对他还挺欣赏的,认为他的工作态度很不错。

没想到,很快老板便发现根本不是自己想象的那样。这个员工接受任务的时候拍着胸脯说"没问题",然而在执行任务时,却总是会"出问题"。我这位同事是负责开拓市场的,然而每次出去跑完市场回来,他总是报喜不报忧,不是说某某某公司有和我们合作的意向,就是说谁谁谁很看好我们，可能会跟我们合作。但奇怪的是，他每次都说得煞有其事的，却从来没有和哪怕一家公司谈成合作。

后来，我偶然遇到了这位同事说的可能与我们公司有合作意向的其中一家公司的老板，聊起了相关的事，这时我才知道，这家公司根本不可能和我们公司合作。由于我的这位同事一直没能做成哪怕一项业务，所以最后老板忍无可忍，就把他解雇了。

任何公司都不担心自己的员工会在工作过程中遇到这样或那样的问题与困难，员工一时做不到某些事情，解决不了某些困难，完全可以向公司求助，大家一起解决，公司担心的是员工只会夸夸其谈，而不能脚踏实地，只会"说到"却"做不到"。

其实，即使你胸脯总是拍得震天响，嘴里的承诺总是非常动听，如果不能够给公司提供业绩，不能为公司解决问题，也很可能会被淘汰出局。唯有"说到做到"，才能为自己铺就通往美好未来的道路。我们来看看下面这位传奇人物是怎样说到做到的。

2000年，有"营救大师"之称的法国人卡洛斯·戈恩被日产尼桑公司请来拯救公司。当时，日产尼桑公司已经身陷危机，加上全球汽车市场一片萧条，公司已经到了生死存亡之际。入主日产的第一天，戈恩便在就职演说上对所有股东和员工承诺，一定要实现"180计划"，帮助公司实现持续性的业绩增长。

何谓"180计划"呢？"1、8、0"这三个数字分别代表了日产尼桑公司未来要实现的三个目标：至2004年年终为止，公司汽车的全球销售增加一百万台；运营利润率达到8%；汽车事业净债务为零。

戈恩坚定地说："我一定要实现这三个目标，如果任何一个目标没有达成，我都主动辞职走人。在这三个目标面前，我不会说任何一个'假如'——假如有了支持、假如经济环境良好、假如日元汇率降低……这就是我的承诺，我会为此承担所有的责任！"

时间给出了答案,戈恩果然说到做到,日产尼桑公司扭亏为盈,并走在了蒸蒸日上的轨道上。全球汽车业都为之震惊,于是很多人纷纷前去请教戈恩,是什么的方法和规律,帮助他又一次创造了奇迹。

有人问戈恩,为什么刚到日产尼桑公司任职时,就能够坚定地锁定目标,不给自己留一条后路呢?戈恩回答道,没有人不喜欢结果,因为它简单,谁都能明白,谁都可以去衡量。要是我们能给别人一个承诺,别人对我们的态度就会积极起来。对方很可能会说,好吧,就给他一个机会好了,就让我们按承诺执行,而他按承诺兑现,没有任何借口,一切都是为了结果。

又有人问戈恩,他的目标显然是尽快让日产扭亏为盈,但对于这样一家连续多年亏损的大企业,要实现这一目标,难度是何其之大,他是怎样让大家相信他能够带领日产尼桑扭亏为盈的?

戈恩回答道,在刚开始时,人们对他其实是持有怀疑态度的,不是否定而是怀疑。人们认为他这个法国人很可能根本不了解日本人、不了解日本文化、不了解日产。一个"外来人"又能够给公司带来多大的起色呢?戈恩认为自己很理解这样的怀疑,自己能做的就是,通过自己的行动证明自己值得大家的信任,而不是一直被怀疑。别人对你的信心往往建立在事实之上,而事实并不是嘴上说说就可以做出来的。要取得大家的信任,第一步就是制订日产复兴计划,然后就是对计划的实施结果做出承诺。

有记者曾问戈恩,"承诺"对他意味着什么?戈恩说对承诺的理解是:"当我概括了公司所有要做的事情之后,就必须要说:我作为公司的总裁承诺,公司明年要实现赢利,运营利润率要有一定幅度的增长,债务要得以削减。在一定的时间内要有一些量化的指标。承诺就意味着,如果达不到'180计划'里的这三个目标,我就要辞职,我不能再做第二个计划,也没有第二次机会了。我只有一次机会,成功了最好,如果失败了,我就只能让别人来代替我。承诺意味着,我从一开始就要目标清晰,然后为了实现目标，我必须全身心完全参与这个计划，而且企业的所有人也都要参与进来。"

没有"假如"，只有"必须"，从一开始就向公司里所有人承诺"一定要做到三个目标，做不到就辞职"。最终，戈恩用"说到做到"为自己铸就了执行力强大的金字招牌。事实上，那些总是能够创造奇迹的人，往往都能够"说到做到"，这种人是公司里最值得信任的人，是公司发展的中坚力量。

强大的执行者最显著的特征之一就是"说到做到"，所以他们总能让大家无论什么时候都觉得可信、可靠、可用。"说到做到"更像是一块金字招牌，为我们收获公司更多的重视和重用。当你总能"说到做到"，你将拥有更多的机会，来助你实现你的职业理想。

第二章

高度负责

公司强调主动承担，
我当责不让

Highly responsible

责任心：职业化的灵魂，成功的基石

海尔集团总裁张瑞敏说过一句名言："企业只有先盘活人，才能盘活资产，而盘活人的关键就在于铸就职业化员工。"职业化最重要的体现是责任心，或者说，责任心是职业化最根本的保障。再强大的能力，再有用的方法，都要在拥有一流的责任心的前提下，才能发挥出其最大的作用。

很多人认为，要想在职场里更好地生存与发展，能力是最重要的。其实，能力固然是重要的，但最重要的并不是能力，而是责任心。无数职场中的事实证明，想要被公司重用、在职场里获得成功，能力和责任心都不可或缺。但比较了能力与责任心对我们职场命运的影响后，我们发现，责任心比能力更重要。或者我们可以这样说：责任心第一，能力第二。

在职场中我们经常可以看到一些能力非凡、才华横溢的人，无论跳槽到哪里，都一直得不到重用；甚至在公司需要裁员时，这样的人却首先被列到名单上。为什么会这样呢？因为这类人缺乏责任心。

这类人能力强、才华好，这确实是有目共睹的。然而，他们往往会在对自己有好处、有利益时才会发挥自己的能力与才华，如果自己捞不到什么好处、得不到什么利益，就会能躲则躲，能推则推，能拖则拖。试想，如果你是老板，你会聘用这样的员工吗？显然不会！

拥有责任心的员工，即使开始时能力差一些，但因为一心想要把工作做好，把任务落实好，想方设法把问题解决掉，所以必定会主动地去寻找各种方法和途径，去学习并训练自己，让自己的能力迅速提升。当能力有了,责任心还强,这样的员工,无论是哪一家公司都会非常喜欢,哪一个老板都会重用。

无论在什么时候,责任心都是我们每一个人职业化的灵魂。拥有了责任心,无论遇到任何困难与挫折,都必定会把公司交代给自己的工作任务执行到底,给公司一个满意的结果。责任心强的员工,从来都不会找借口,只会努力寻找解决问题的方法。责任心强的员工,除了能做好本职工作,能对公司交给自己的事情保证落实好外,还能主动去做应该做的事情,甚至有时候还能把不可能的事变成可能,为公司做出卓越的贡献。

中国移动湖南分公司客服部的一位工作人员曾有过这样一段难忘的经历。某一天,这位女客服人员接到了一个电话。当她像往常一样询问对方需要什么帮助时,电话的另一端却突然沉默无声。她等了一会儿,才听到电话那边一位男士用低沉的声音告诉她,他和他女朋友要分手了。

绝大多数客服接到了这样的电话,也许都会想:你是不是打错电话了啊,你与女朋友分手,打电话来移动客服处,我们能帮得上什么忙呢?恐怕打心理咨询热线会对你更有帮助吧!也有极少数客服可能会觉得这种人恐怕有精神问题,然后就直接把电话挂掉。

不过,这位女客服没有挂电话,也没有觉得对方精神上有什么问题,而是想着能不能帮上对方什么忙。于是,她小心翼翼地问电话那一头的男子:"先生,这和我们移动公司有什么关系吗?"没想到,听她这么一问,电话另一端的男子情绪突然激动了起来。他说,正是因为移动让他与女朋友总是吵架,现在甚至发展到要分手。最后,他还说以后再也不相信移动了,然后就突然把电话挂断了。

这突如其来的电话和对方如此的反应,让她一头雾水,愣了半天都没有想明白是怎么回事。遇到这样的来电,绝大多数客服都会把它当成是一个骚扰电话来处理了。但她却不准备这样做,而是在想,听对方的说话语气应该不是有意找碴,可能是真的遇到了感情问题。于是她决定把事情弄清楚。

她查找了该男子的来电记录，发现对方当天拨打过五次客服的电话，每次持续都不到一分钟。因此她判断，这位移动客户可能是认为移动的客服并不会帮助他解决问题，所以他只是通过拨打10086来发泄内心的不满。她进一步推测，这位客户可能已经开始对移动失望了，为了让他重拾对移动的信心，她决定打电话给他，了解一下他身上究竟发生了什么事。

电话拨通了，然而她的那句"您好！我是10086的客服代表……"还没说完，就被对方大声地打断了。只听到对方大喊了一句："我现在心情很不好，别来烦我，跟你们移动没什么好谈的！"然后又挂断了电话。

遇到这样的情况，大多数客服肯定都不会再管了，有些人甚至会觉得非常委屈，自己出于一片好心去关心你，你却不识好人心，真是太过分了。但这位女客服并没有放弃，第二天又拨通了对方的电话。在她热心而耐心的引导下，对方终于向她详细讲述了事情的前因后果。

原来，这位男子住的地方比较偏僻，手机信号不好，女朋友给他打的电话他时不时就会接不到。由于他的电话十次有七八次都打不通，所以他那位在外地工作的女朋友就怀疑他移情别恋，交了新女朋友。前些天，他给女朋友打电话，好不容易打通了，正聊得好好的，没想到手机突然串了线，出现了另一个女生的声音。这样一来，他女朋友就更加坚定自己的怀疑，吵着要分手，他怎么解释都没有用。所以，他一气之下，把怒火都撒到了移动公司身上，于是便开始打电话骚扰客服。

这位女客服决定帮帮他。她拨通了他女朋友的电话，然后反复地说明与解释，他女朋友终于相信了那只是一场误会。等她把这个消息告诉那位男子时，对方高兴得不知道说什么才好。当对方和自己说"谢谢"的那一刻，她内心也是非常开心的。

为什么女客服要"多管闲事"呢？因为她始终拥有一颗"不让任何一个客户失去对公司的信任"的责任心，她已经拥有了职业化的灵魂，所以她能够想方设法地帮助客户找到方法，解决问题。

拥有责任心的人会更容易赢得公司的重用，获得机会的青睐，获得自己最想要的成功。可以这样说，责任心既是职业化的灵魂，又是赢得职业成功的基石。

吴老板开了一家皮毛销售公司。有一天，他吩咐公司里的三名员工去做同一件事情：去供货商那里调查一下皮毛的数量、价格与品质。

第一位员工几分钟后就回来了。他并没有亲自去现场调查，而只是向前几天去过供货商那里的一位同事了解了一下情况，便去跟吴老板汇报了。

第二位员工亲自到了供货商那里，问好了皮毛的数量、价格与品质后，便回来跟吴老板汇报了。这花了这位员工一个小时的时间。

第三位员工不但亲自到供货商那里了解皮毛的数量、价格与品质，还根据自己公司的采购需求，将供货商那里最有价值的商品都进行了详细的记录。离开了这家供货商的公司后，他又去了另外两家供货商那里，对那里皮毛的相关信息进行了详细了解和记录。然后，一回到公司，他便将三家供货商的情况进行了详细的比较，制订出了最佳的采购方案，然后才去找吴老板汇报工作。

第一位员工明显缺乏责任心，对吴老板吩咐的工作只是敷衍了事，草率应付；第二位员工的责任心勉强合格，但也只是老板让他做什么就做什么，绝不会主动去多做一些应该做的事情；第三位员工拥有很强大的责任心，不但能够把吴老板交代的事情出色地完成，还能够主动去做一些应该做的、对公司很有价值的事情。

如果你是老板，你最想聘用哪一位员工？你会更赏识、重用哪一位员工？如果要给某位员工加薪、升职，你会选择哪一位？我相信，作为老板的你，心里一定已经有了答案。

小心 100 − 1 = 0：1% 的错误会带来 100% 的失败

被誉为日本"经营之神"的松下幸之助曾说过："对于产品质量来说，不是 100 分就是 0 分。"怎么理解这句话呢？有人曾用这样一个等式形象地帮助我们理解：100 − 1 = 0。是的，在工作中，如果我们太缺乏责任心，那么我们即使做对了 99%，只做错了 1%，我们最终也很可能会遭受 100% 的失败。所以在执行过程里，一定要保持高度的责任心，别让 1% 的疏忽、错误，毁了 99% 的努力。

曾经在报纸上看到过这样一则新闻："头等舱机票 20 元卖出 300 张，东航操作失误担损失。"这件事的简要过程是这样的：2010 年 1 月 18 日，东航官方网站登出了一则特价消息，从消息上人们能看到，搭乘东航航班从南昌飞往厦门，头等舱票价只需要 20 元，经济舱则为 10 元。另外，东航从南昌飞到上海、厦门、北京、昆明等多个航线的航班也都打了非常惊人的折扣，甚至出现了 0.2 折的票价！消息一经发布，便有三百多张机票在数分钟内售出了。

有不少人觉得这件事非常蹊跷，正值春运期间，无论是火车票还是飞机票，即使不打折也有很多人买，为什么会出现如此低的折扣呢？东航的管理层也很快发现了这件事，马上找人调查。很快，原因找到了。原来，一名官方网站的工作人员把机票价格输错了，结果经过一定的折扣计算后，就出现了如此离奇的超低价格的机票。

机票已经卖了出去，东航只好将错就错。幸好及时发现了问题，要不然损失将会极其惨重。然而，即使是三百多张特价机票，也让东航损失了

21万元人民币。造成这一损失的，仅仅是工作人员的一个小小疏忽。这件事充分警醒我们，如果没有高度的责任心，即使是一个细小的错误，也会让我们损失很大。

我的某位朋友也曾经犯过这种因为小失误而产生大损失的事。我朋友供职于某外贸企业，从工作的第一天起，他就热爱工作，总是努力要把每一件事情做好。然而尽管如此，他有一天还是因为疏忽而出了差错。他清楚地记得，那一天是星期五，他赶在下班前去银行将一笔款汇给香港的某家合作的公司。审核完之后，银行依照程序办理了这笔汇款业务。

一切都进行得很顺利，没想到下周一来上班的时候，老板把他找去，狠狠地批评了一顿。原来，他把对方的账号写错了，结果这笔款并没有及时汇过去。对方一直没有收到款，以为我朋友所供职的公司要赖账，差点要到法院提告。

他回忆了上周五整个汇款过程，自己明明检查了好几遍，为什么还是会错呢？结果他又拿出香港方面用短信发给他的账号，来与他写的账号对比，才发现自己少写了最后一个数字！因为他当时抄写的时候，最后一个数字正好换行，他误以为写完了，并没有继续翻下去，结果就漏掉了。最终，这笔款没能汇过去。

很多时候，我们所犯的可能只是一个非常小的错误，但造成的后果却非常严重。为了让自己不会做出因1%的错误而产生100%的失败的事情，我们一定要时刻保持高度的责任心。

在数学意义上，100减1等于99；但是在社会中、在商界里、在职场上，100减1的后果会非常可怕。例如，一百个员工里有一个人泄露了公司的机密，公司很可能就会损失惨重；又如，一百个产品里只要有一件不合格，然后被消费者和媒体一宣传，很可能就会给生产厂家带来灭顶之灾；再如，一百次决策有九十九次都是正确的，但有一次失策了，企业很可能就会走下坡路，迅速衰败。可见，从这个意义上来说，100减1的结果不是 99，而是 0。

海尔公司对上述道理有着深刻的体会，并有着许许多多令人称道的做法。杨绵绵还在担任海尔公司副总裁时，有一次到分厂检查工作，结果在一台冰箱的抽屉里发现了一根头发丝。于是她马上把相关人员召集了起来，要开个会。有员工在私下里悄悄说，一根头发丝又不会影响冰箱的质量，拿掉就好，用不着如此小题大做啊。但杨绵绵却严肃地对大家说，抓质量就是要连一根头发丝都不放过！

类似于这样的真实故事，在海尔公司里还有很多。为什么杨绵绵会"小题大做"，连一根头发丝都不放过呢？因为海尔的管理者们都知道"100－1＝0"的道理，明白在服务消费者的过程中，"99％的努力＋1％的失误＝0％的满意"。只要有 1％ 的失误或瑕疵，就会令客户产生不满，对自己品牌的印象大打折扣。如果不加以重视和严管，长此以往，对自己品牌不满意的客户会越来越多，直至客户批量地弃自己而去。

怎样才能避免由于 1％ 的错误而导致 100％ 的失败呢？这就要求我们在工作过程中，充分发挥我们的认真负责的精神，要求自己只有做到了 100％，才算是合格的；提醒自己，哪怕是做到了 99％ 也是不合格的。我们都知道一个常识，就是要想把水烧开，温度必须达到 100 度，就算烧到了 99 度，仍然不能算是开水。而要想让水真正烧开，成为名副其实的开水，就必须烧到 100 度以上。

总之，要想喝到合格的开水，就必须要把温度烧到 100 度以上；想生产出合格的产品，就必须用 100 分的标准来要求自己。能做到最好就努力做到最好，绝不退而求其次；能避免那 1％ 的错误，就想方设法去避免掉，用 100％ 的好结果来向公司证明自己的价值。当你能够真正懂得"100－1＝0"和"1％ 的错误会带来 100％ 的失败"的道理，并不断在工作中发挥自己高度的责任心时，你在事业上必定会不断取得突破和成功，你的前途将一片光明。

选择"随便"就是选择"被淘汰"

在职场里有一种心态特别可怕,那就是做什么事情都很"随便"的心态。有这种心态的员工,无论做什么工作,都习惯于应付了事,敷衍塞责,认为事情随便做做就行,差不多就可以。然而,你对工作"随便",工作却不会让你"随便"。要知道,工作做得不好,连最起码的及格线都达不到,那么工作做得再多,也是白做。最终,公司没有得到想要的工作业绩,你也很可能会被公司解雇,甚至被职场淘汰出局。这是一个双输的局面。

对工作"随便",就是在给自己的工作制造麻烦,给自己的前途制造障碍。

玲玲大学毕业后进了一家专门帮人办理出国留学业务的机构工作,当了一名文员。入职后的第一年,眼看圣诞节就要到了,她的顶头上司交给她一项任务:给国外的一些重要客户寄圣诞贺卡。

玲玲心想,这个任务也太简单了,不就是把客户的名字填上去,然后写一段祝福语,最后填上地址寄出去吗?当然,想象是一回事,真做起来,要填几百张贺卡,也并不轻松。刚开始填写的时候,她还挺认真的,但写着写着她就越来越不耐烦了,后来更是变得漫不经心,"随便"了起来。

终于,她把所有的圣诞节贺卡都填完,然后寄了出去。很快,客户们陆陆续续都收到了贺卡,然后都以电子邮件的方式对公司表示了感谢。几乎所有客户都反馈了，除了德国某大学的负责人。公司对这位客户可是非常重视的，因为对方准备要和公司签订一个协议，计划进行某个项目的合作。然而，圣诞卡寄给他之后，他就再也没有和公司联系了，合作的事则更是石沉大海。

公司老板对此感觉很纳闷儿，因为这个客户做事一向都很严谨，即使不想合作了，也肯定会告诉自己的。难道是对方没有收到圣诞卡？他赶紧让人联系了一下对方，委婉地探听相关原因。老板很快便知道了问题的根源。原来，这位德国某大学的负责人早就已经收到了圣诞贺卡。本来收到贺卡的时候，他还挺高兴的，没想到他认真一看，发现信封上自己的名字居然写错了一个字母，这让他很不高兴。原来，他名字的最后一个字母是"L"，但玲玲却写成了"I"。

这位德国人认为，你们居然连我的名字都能写错，那么其他的事情也不可能很严谨，所以就打算不与玲玲所在的公司合作了。知道了整件事情的来龙去脉后，公司老板连忙亲自坐飞机到德国该大学，找到了这位大学负责人，当面向他道歉，并且与对方诚恳沟通交流了很多东西，才挽回了这位客户，并成功地与对方合作。

回国后，老板马上把玲玲找去了他的办公室，然后批评她说："这么重要的客户你居然会把他的名字写错了，实在是太不应该了。你写完之后怎么也不检查一遍呢？做工作这么'随便'可不行，差一点给公司带来了很大的损失啊！"

玲玲虚心地接受了老板的批评，从此以后，她在工作上再也不敢马马虎虎、随随便便了，无论做什么工作，她做完后都会再三检查一遍。所以，她再也没有出过什么大的差错。

其实，很多职场新人都容易犯类似于玲玲这样的错误。在接到一项看起来很简单的任务后，认为落实起来非常容易，所以没必要那么认真，随随便便做完就可以了。然而，抱着这样的不负责任的态度去做事，即使是

第二章　高度负责
公司强调主动承担，我当责不让

去做再简单、容易的工作，也一定会出问题，给公司和自己带来或大或小的损失。

反观那些杰出人士，无论做什么样的工作，只要是自己经手的，都会以高度的负责精神去执行好，绝不会随便对待、敷衍了事，一定要将事情做到尽善尽美。中国消化病学奠基人、医学教育家张孝骞在这方面就非常值得我们学习。

有一天，张孝骞供职的北京协和医院来了一位特殊的女病人。这位女病人的症状是一感冒就休克，其他医院诊断后认为她患的是肝炎。然而，按照治疗肝炎的方法去治疗了很长一段时间，病人的病情却一点儿也不见起色。

张孝骞为她进行了一番检查，发现从检查来看，这位病人的症状确实与肝炎发病的特征非常吻合。但是，用治疗肝炎的方法为什么会不见效呢？难道这位病人表面上看犯的是肝炎，实际上并不是？他反反复复思考了很久，都没能下结论。

他又去资料馆翻阅了很多病例档案。一边翻阅一边思考，突然他感觉这个病人似乎有点面熟，于是便找到她，问她以前是不是来过协和医院看病。病人回答道，三十年前确实来这里治疗过，当时她因为难产失血过多，来这里输过血。听到这里，张孝骞觉得有必要查一下病人的病历。

翻找了大半天，他终于找到了相关记录。三十年前这个女病人确实因难产有过大出血。他于是便想，会不会因此令她的身体相关的部位受损，然后在紧急感染的情况下，导致她的休克？

综合前后病历，以及病人现在病症的实际情况，再结合张孝骞给病人进行的最新的检查结果，张孝骞最终确定，病人得的不是肝炎，而是席汉氏综合征。通过治疗方案的及时调整，这位女病人的病情很快便得到了缓解。又继续对症下药了几天，病人已经逐渐向康复的方向发展了。

在这个案例里，张孝骞医生发扬了高度负责的精神，即使第一次检查后，病人看起来所有的症状都和肝炎非常吻合，但他依然采用极为严谨的态度，绝不"随便"，所以，最终发现了别人都发现不了的病因。

  这启示我们，任何人，无论是从事什么样的工作，只要能有张孝骞这样的高度负责的工作态度，都一定会拥有很好的发展前景。最后切记，在职场里，选择"随便"，就是选择了"被淘汰"；选择高度负责，则是选择了良好的职业发展之路。

对工作负责就是对自己负责

离开大学校园后,梁鹏便开始在广东东莞的一家电子厂上班。刚开始时,他很勤奋努力,对工作认真负责,在做事时干劲十足。看到他如此卖力地工作,老板对他很是欣赏。工作了一年后,老板便把他提拔为车间主管。

令人意想不到的是,梁鹏当上车间主管后,便放松了对自己的要求,不再像以前那样起早贪黑地做事了,对待工作开始懈怠了,工作起来也不像以前那样认真细致了。对老板来说,梁鹏自己降低了对自己的要求,也许还不是最可怕的;最可怕的是,车间里的工人们看到梁鹏放松了对自己对工作的要求,也都跟着放松了对自己的要求。

由于之前一直对梁鹏非常信任,所以老板刚开始时并没有发现梁鹏在工作上有什么不对劲的地方。因为根据之前一年多梁鹏在工作上的表现,老板觉得他不可能会对工作不负责任。只可惜,梁鹏辜负了老板对他的信任!

时间就这样匆匆过去了,梁鹏对工作越来越不负责任了,日积月累之下,终于有一天彻底暴露了。

有一天,公司接到了一笔订单,老板便将订单交给了梁鹏去落实。这笔订单自然也是有规定的完成期限的。然而梁鹏对这笔订单并没有很重视,所以下面的工人也都在慢慢悠悠地干活。因为没有主管的催促,所以他们也不着急。

很快，交货的日子就要到了，当老板向梁鹏要这批货时，梁鹏顿时傻了眼，只好求老板再宽限几天，他会带着工人们加班加点生产出来的。老板没办法，跟客户好说歹说才让客户答应了再宽限几天。

这次梁鹏不敢再应付了事了，他打起了十二分精神，天天催促工人们加班加点地赶活儿。而工人们呢，由于日期催得紧，活儿完成不过来，便偷偷地在产品质量上做手脚。最终，订单上要的货是交到了客户的手上，然而，客户验收了货物后，大发雷霆。原来，这些产品大多数都粗制滥造，根本不合格！

客户马上把情况反馈给了梁鹏的老板，同时把货物都退了回去，然后要求退回所有已经交付的订金，并赔偿他们的损失。老板了解了整件事情的前因后果，怒火中烧，马上找来梁鹏，把他大骂了一顿。梁鹏也知道闯了大祸，只好一声不吭地挨骂。最后，梁鹏不但被辞退了，还被要求赔偿了相应的经济损失。

对工作敷衍了事、不负责的后果是很严重的，不但害了自己，更害了自己的公司。梁鹏经过这件事后，在同行里名声肯定就臭了，想重新找一份和主管差不多的工作，已经是不可能了。试想，如果你是老板，你会聘用闯过大祸的梁鹏做自己的员工吗？

对工作不负责任就是对自己不负责任，对工作负责才是对自己负责。当你能够在工作过程中拥有高度的责任心，就没有什么困难能够阻挡你保证完成任务和目标的步伐。

洪梅高考落榜后便从老家来到了上海打工。然而，要学历没有学历、要经验没有经验、要技术没有技术、要专业能力没有专业能力的她，在上海换了很多份工作，没有一份做得长，都是因为胜任不了岗位，所以被辞退了，甚至有的工作在试用期还没满时，就被劝退了。折腾了四年多，洪梅自觉自己虽然也见识了大世面，有了丰富的职场经历，但眼看身上的积蓄所剩无几，她准备回家了。没想到，这时，有一家汽车销售公司居然通知她去上班。

洪梅很珍惜这份来之不易的工作。她的岗位是前台接待，同时还兼做公司的很多杂务，工资并不高。然而，她对工作极度认真负责。例如，遇到没整理好的材料时，她经常会一个人主动留下来加班，直到处理完毕。只要是她负责的工作，她从来不会拖延，绝对不会把今天的工作留到明天才去做。她还经常主动去做一些她认为应该做的分外事。

有一天，洪梅为了不让工作任务"过夜"，所以又留下来加班。待她刚刚做完手头上的工作时，突然有一份自英国的传真传了过来。这是一份全是英文的传真，只有高中学历的她，只认得其中不多的单词，至于内容她全然不懂。她不知道怎么处理这份传真，便马上给老板打电话。没想到老板的电话关机了。

她原本打算第二天上班时再把传真交给老板去处理的，但当她正准备锁门下班回家时，她忽然想到了一个问题，英国和中国是有时差的，说不定现在对方还在等着自己这边回复呢。想到这里，她又回到了自己的座位，一边读着传真，另一边摊开从同事桌面拿过来的《牛津英汉辞典》和《汽车专用英汉辞典》，吃力地翻译了起来。

翻译了大半天，她才终于搞懂了传真上的意思。然后，她又在两本大辞典的帮助下，用自己水平极为有限的英文，给对方发了一份回复传真。

当她离开公司时，已经快晚上11点了！回到家之后，她一夜都没有睡好觉，因为这么重要的一件事，她没有和老板商量，更没有经过老板的批准，就自作主张地给英国客户那边回了传真。她不知道老板会怎样处置自己。

第二天早上，洪梅怀着忐忑不安的心情来到了公司。没想到老板见到她时脸上堆满了笑容。老板对洪梅说，正是她及时地给英方回了传真，才使得他们在其他几个同样接到英方传真的中方公司之前抢到了先机，为公司争得了今年最大的一宗生意。

就这样，对工作拥有高度责任心的洪梅，用她处处为公司着想的精神，给公司带来了一笔极为可观的利润。她本人也得到了公司奖励的一笔不菲的奖金。后来，她一边努力工作一边自学完了大学本科课程。再后来，还不到25岁的她，已经坐到了公司销售总监的位置。

洪梅用行动告诉我们，对工作负责就是对自己负责，只要在工作过程中怀有高度的责任心，就没有做不好的工作。如果你尽了最大努力去完成属于自己的责任，你的工作就会表现得非常出色，你会因此而得到更多的回报。如果你有能力承担两份责任，你就能超越那些只能承担一份责任的人，而那些连一份责任都担当不了的人，将会被你远远地甩在后面。所以，从现在开始，怀揣着高度的责任心去工作吧，这样你一定能把工作做得更好，为自己争取到更多的成功的机会，让自己更早地实现自己的理想。

做最"傻"的员工：认真工作才是真聪明

最能体现一个人高度责任心的是其认真工作的态度。在职场上，只有认真工作才是真正的聪明，因为认真工作能让自己的执行力得到充分的体现，更能体现自己的价值，从而更容易赢得用人单位的青睐和重用。而无论你去落实任何一件事情，只要你能怀揣着高度的责任心，认真地去执行，那么无论这件事情有多么难完成，你都能想方设法，化难为易，最终全部落实，彻底执行，给别人一个完美的结果。

其实，职场中的每个人都懂得认真工作的重要性。然而，有不少人对认真工作的看法是：公司给我的薪水待遇有多高多好，我就有多认真地去工作；如果公司给我的薪水待遇不怎么高不怎么好，我就不怎么认真工作。当看到有些同事在薪水待遇很不好的情况下，还非常认真地工作，这类人就会嘲笑认真工作的人很傻。

他们有这样的心态和看法，根本原因是没有看懂这样一个职场逻辑：你必须要先付出足够多的努力，给公司带来足够多的价值和回报，公司才会给你一份满意的薪水待遇。除非你在别的公司已经充分证明过自己的价值，而现在这家公司又求才若渴要把你"挖"过来工作，所以会给你一份丰厚的薪水待遇；否则，没有任何公司会先给你一份很好的薪水待遇，然后你再去给公司创造价值，证明自己。

程益坤没想到自己硕士研究生毕业时，会和其他同学一样面临着严峻的就业形势。在多次求职失败后，为了生计，他最终接受了一份在某燃油机制造企业里担任品检员的工作。刚开始时，这位硕士研究生领到的薪水比车间里的普通工人还要低。不过，他并没有任何的抱怨，反而很珍惜这个工作。每天下班后，程益坤总是最后一个离开的。离开之前，他总是会很认真仔细地做完自己当天的工作，然后在车间里走一圈，确认没有任何问题后，才离开。

在这家企业工作了一个月后，他发现这里的生产成本挺高，产品质量却比较差。于是，在通过充分调研、分析之后，他写出了一套可以大大降低生产成本、提高产品质量的可行性方案，然后交给了老板，想说服老板对企业进行改革。刚开始时，老板并没有对程益坤的方案怎么在意。程益坤则有一股不达目标誓不罢休的劲头，一有机会就问老板对他的方案考虑得怎么样了。但每次老板都说正在研究。

程益坤对公司的事如此上心，工作如此认真负责，让很多同事感到不解。很多人觉得他每个月就领那么一点点薪水，居然还这么卖力地工作，如此用心地关心企业的发展，真是太傻了。甚至有同事找到了他，当面对他说："你对工作如此认真，对公司的发展如此关心，显得我们很无能，对工作很不认真、很不上心，这让我们很难堪！你别傻了，我们都只不过是为别人打一份工而已，干吗要这么卖命啊？公司又不是你的！"

虽然越来越多同事嘲笑程益坤很傻，但他并没有怎么理会，而是一如既往地认真工作。让他很兴奋的是，老板最终采纳了他的改革方案，并且迅速落实了下去。在执行方案的过程中，程益坤自然是最卖力的一个。最终，企业的成本获得了有效的控制，而产品质量获得了大幅度的提升，企业的利润也增加了好几倍。又过了一段时间，老板把程益坤提拔为了总经理助理，薪水也比原来增加了好几倍。

在职场里，不求回报地认真付出，看似很傻，其实是一种大智若愚，是一种富含大智慧的真聪明。毛泽东同志说过："世界上怕就怕'认真'二字。"无论你身处什么样的环境，只要你能够用最认真的工作态度去做事，你也能够做出成绩，获得机会的青睐。

有一家大企业要裁员了，琳琳和露露都不幸进入了裁员名单，被通知一个月之后离职。琳琳和露露都在这家企业里工作了快十年，这次突然被裁掉，换了谁心里都难免会有各种波动。知道了自己要被裁掉的那天晚上，琳琳一夜都没有睡好。第二天来到公司后，她越想越觉得委屈，于是逢人便抱怨道："我在公司里工作了这么多年，平时工作不说有多么卖力，但也算是兢兢业业，任劳任怨，没有功劳也有苦劳啊！凭什么现在把我解雇了啊？"

刚开始时，同事们出于同情，都会安慰她几句，但她抱怨的次数一多，大家都越来越感到厌烦了。最后谁都不想听她吐槽公司了，只要有可能，都躲着她。不过，琳琳也不在意，没人听自己唠叨了，她便把气发泄在工作上。她认为，反正自己在这里只有一个月了，干好干坏一个样，不如干坏一点儿，让把自己放到裁员名单上的人遭受损失，让老板也遭受损失。在这样的心态和想法的支配下，她的工作做得越来越糟糕。

露露在得知自己上了裁员名单后，也难过了一个晚上。不过，接下来她采取了与琳琳完全不一样的态度。她认为，既然在这里只有一个月的工作时间了，不如给大家留下一个好印象吧。于是，她在公司里从来不跟任何人说自己被解雇的事，更别说牢骚满腹了。当有同事偶尔提起裁员这件事时，她也只是说主要是因为自己能力不足，所以被淘汰掉也是很正常的一件事。她还逢人便道别，说她不到一个月便要走了，不能和他们共事了，请大家多保重。同事们看露露如此重感情，都更愿意亲近她了，这让她的心情好多了。

在工作上，露露的想法是，上一天班就对工作认真负责一天，一定要给公司、老板和同事们留下一个好印象，这样日后自己走了，当有人提起她的时候，还会有人夸她甚至有人会想念她。在这样的态度下工作，露露干得越来越好，给公司做出了比以往更多的贡献。虽然在这段时间里，也时不时有人在她背后甚至当面说她明知道要离职了，还如此认真负责地工作，是非常傻的表现。然而，只有露露自己知道，自己这样做不但不傻，还是最聪明的做法。

一个月很快就过去了。这一天，琳琳如期离职，露露却被老板留了下来。老板感慨地对在场的所有员工说："像露露这样对工作特别认真负责的员工，正是公司最需要的，我们怎么可能舍得她离开呢？我不但要把她留下来，还要奖励她！"于是，露露继续在这家公司工作，并且被提拔担任了某部门的副主管。

美国历史上著名的"零售业大王"杰西·彭尼说过，一个人要想有所成就，最明智的办法是选择一份即使报酬不多也愿意做下去的工作。事实上，"傻傻"地付出，只是为了将来有更好的回报；暂时地放弃，只是为了未来有更好的收获。切记，认真工作才是真正的聪明，当你能心甘情愿地去做最"傻"的员工时，你就已经走在了通往职业成功的路上。因为，你在为公司认真负责工作的时候，其实也是在为你自己的未来努力工作。

这是你的工作：培养老板心态、主人翁精神

你是否发现，在我们身边会有这样的人：他们在买同一样东西时，如果是自己花钱去买，往往会精打细算，货比三家，一点儿也不怕辛苦，最后他们会买到质量又好价格又不贵的东西；然而，如果让他们去给公司买同样的东西，他们首先考虑的往往是方便和省事，至于质量和价格并不是他们要考虑的，因为花的又不是自己的钱。这类人的这种做法，是非常明显对公司缺乏责任心的表现。

任何一位责任心强的优秀员工，都不会把自己的事和公司的事分得那么清楚，他们总是会把公司的事当成是自己的事来做，一切从公司的角度出发，站在公司利益的立场去考虑问题，想公司所想，急公司所急。拥有这种心态的员工，就是拥有了老板心态；表现出这种精神的员工，已经有了主人翁精神。

著名化妆品品牌"羽西"的总经理蒋巧玲，是从站柜台开始自己在"羽西"的职业生涯的。至今她仍对过去发生过的一件事情印象深刻。那时候，她通过自己的努力，不断为公司带来优异的业绩，所以公司便把她提拔为了羽西中国区的产品经理。这件事便发生在她刚刚担任新产品经理之时。

中国国内销售的羽西产品都是从国外进口的，为了能让国内消费者第一时间体验到羽西最新的产品，蒋巧玲总会在新产品一推出时马上订货。由于产品进口需要办理各种相关的进口手续，再加上新产品说明书的翻译

也需要时间,所以,当一款新产品在国内面市时,其实该产品在国外已经上市了六到九个月。

如此一来,她虽然在新产品刚一上市就下了订单,然而在相关手续没有办齐前是不能发货的。换言之,新产品只能积压在国外的仓库里。但相关物流、关税等费用在订货时就必须付清。结果,公司在这上面投进去了很多钱,却没有任何效益回报。

因为这件事,她的上司把她狠狠批评了一顿,毫不留情面地质问她,如果她用的是自己的钱,会不会这么早就订货,会不会让自己的钱花在六至九个月不能销售的货物上?如果用的是她自己的钱,会不会去做很长时间都产生不了任何效益的事?蒋巧玲听了之后,羞愧地说,如果是自己的钱,一定会慎重。

从此以后,她改变了订货方式,先办好一切手续,然后再下订单。通过这件事,她不但在订货上考虑"如果这是我自己的事,我会怎么样去做"这样的问题,在工作中的所有事情上,她都会这样去考虑了。

正是这样的一个思考模式的转变,让她从此对每一件事情都不敢随意马虎,而总是用高度的责任心去考虑好了再迅速执行。正是这样的改变,让她工作越来越出色,越来越受重用,后来还成了羽西公司的总经理。

所有像蒋巧玲这样拥有老板心态的员工,其实都会经常考虑类似于这样的问题:我怎样才能把工作做得更好?有哪些方面可以改进得更好?怎样才能用最少的投入为公司收获最大的效益?怎样才能让公司的品牌影响力更大?

拥有老板心态和主人翁精神的人,会常常问自己这样一个问题:"如果我是老板,我会怎样做?"

董明珠是珠海格力集团的董事长兼总裁,是中国家电行业乃至商界的风云人物。其实,董明珠也是从普通员工开始干起,然后通过努力,一步步成长为如今的"格力一把手"。纵观她过去的整个职业生涯,我们能发现,她是一个典型的拥有老板心态和主人翁精神的员工,从进入格力的第一天开始,就已经把自己当成了公司的主人,一直把公司的事当成是自己的事去认真对待,高度负责。

董明珠刚入职不久,公司便派她去安徽省当了一名销售员。到了安徽后她便面临了第一个难题,当地有一位经销商欠了格力公司一笔40万元的巨额货款。这笔欠款发生在前任销售员在职的时候,董明珠其实不去催讨这笔欠款,也没有人会责怪她。但拥有老板心态、富有主人翁精神的她,觉得自己有责任为公司的利益着想,所以决定要把这笔欠款收回来。

在接下来的四十多天里,她每天都跑到欠债的经销商那里,向对方讨要欠款。然而,欠债的经销商却一副"死猪不怕开水烫"的态度,对她爱答不理。不管她说什么,经销商都只是做着自己的事,连一杯水都不给她倒。到了后来,经销商干脆玩消失,躲起了董明珠。

没想到董明珠始终一副不讨回欠款绝不罢休的态度,看到该经销商居然敢躲着自己,于是想方设法找到了他,然后天天到他最常出现的地方去堵他。终于有一天她把经销商堵在了他的办公室里。她大声对他说,要么还钱要么退货,否则从现在开始,对方走到哪里她就跟到哪里,绝不罢休!

和董明珠对抗了一个多月后,这个欠债的经销商终于受不了了,只好把欠款都还给了格力。通过这次艰难的讨债,董明珠获得了很多足以影响自己一辈子的感悟,这些对她日后的经商生涯帮助颇大。例如,这次艰难的讨债,让她产生了采用"现金交易"的方式来做销售的想法,以后要一步步放弃"先交货,后付款"甚至分期付款的交易方式。后来她果然做到了。而在她还只是一名普通的销售员时,她就已经有了这些想法,可见她虽然不是公司的老板,但她已经开始用老板的思路和眼光去考虑问题了,难怪她后来会取得如此巨大的成功。

美国"钢铁大王"安德鲁·卡耐基说过:"无论在什么地方工作,都不该把自己只当成公司的一名员工，而应把自己当成公司的老板。"老板心态不是老板的专利，不是只有当老板的人才应该有的心态。那些无论老板在不在，都心态积极，做事主动，从不偷懒，凡事都为公司着想，努力维护公司形象，不管公司遇到什么困难都能迎难而上、想方设法为公司解决难题的员工，也具备老板心态。这样的员工，特别容易受到老板的重用，拥有更多让自己发展和成功的机会。

你对工作够用心，公司对你就放心

在落实工作的时候，往往有两种执行的状态，一种是"用手"执行，一种是"用心"执行。"用手"执行往往是机械执行，老板说什么我就做什么；"用心"执行则不仅仅是简单地动动手，而是全身心投入地去做，时常想着怎样才能执行得更好，并迅速落实。绝大多数时候，用手做只能保证你"做了"，公司能不能满意不一定；用心做才能保证你把事情"做好"，提供让公司满意的结果。

如果你总能用心地工作，公司就会对你非常放心，一步步地对你委以重任。如果你不用心工作，很快就会被解雇。怎样做才算是用心工作呢？我们不妨看看那些成功人士是怎么用心做事的。

著名主持人杨澜在工作中就非常用心。她每次在采访别人之前，都会对采访对象的资料进行深入的研究。有一次她要去采访金庸。不熟悉金庸的人可能以为他是一个很健谈的人，其实并非如此。杨澜通过朋友知道金庸并不健谈，所以在采访的时候一定要把问题问到点子上，这样才能触碰到金庸的兴趣点，让他变得健谈。为了找到金庸最感兴趣的话题，杨澜对金庸的作品、经历以及他擅长的知识和感兴趣的人和事，都做了详细了解，并记录了下来。正因为准备非常充分，正确挖掘出了金庸这位文学大师思想深处的火花，所以那一期的采访做得非常成功。这就是用心工作收获的巨大回报。

已故"台湾的经营之神"王永庆从少年时代开始，就是一个非常用心工作的人。正是因为他做事非常用心、认真、负责，所以他年纪不大的时候就已经成功地把一家小米店经营成了一家财源滚滚的大米铺。

在经营米店的时候，王永庆是怎么用心做事的呢？他每次给新顾客送米时，都会细心地记下这户人家米缸的容量，了解清楚这户人家有多少人吃饭，成年人有几位，小朋友有几个，每个人的饭量如何。通过这些，他就能推断出这户人家下次买米的大概时间。回到家后，他会马上把这些情况记录在一个本子上。待到他估计这户人家的米差不多吃完时，他会主动把相应数量的米送到顾客家里去。

每次给顾客送米时，王永庆都会帮顾客将米倒进米缸里。如果米缸里还有米，他就会拿出一大块干净的布，把旧米倒在上面，然后把米缸擦拭干净。接着，他把新米倒进干净的米缸里，最后再把旧米倒在新米的上面。这样做，旧米很快就被吃掉，避免了因存放太久而变质的事情发生。王永庆这一用心服务的举动，深深感动过无数顾客，从而为自己赢得了一大批回头客。

通过每天和顾客们的接触、闲谈，王永庆了解到，当地大多数家庭都以打工为主，都是在勉强维持生活，很多家庭在还没到发薪水的时候，就已经把钱花光了。由于王永庆是主动送米上门的，如果碰到哪一位顾客手头紧一时拿不出钱来，双方都会比较尴尬。为了避免这一尴尬，王永庆想了一个方法，就是他还是会按时给顾客送米，但不即时收钱，而是约定到发薪水的那一天去上门收钱。这个方法很好地避免了收不到钱的尴尬。

凭着用心、务实、创新的服务方法，王永庆的米店生意做得越来越红火，他也逐渐富了起来。

无论你从事什么样的工作，只要你能够用心去做，都能做得比别人好，收获比别人多得多的回报。如果你是公司里的一名员工，想要被公司重用，就一定要习惯于用心工作，充分发挥你高度的责任心。这样，公司一定会对你很放心，并把你当成骨干来培养和重用。

第二章 高度负责
公司强调主动承担，我当责不让

汰渍洗衣粉刚被宝洁公司推向市场时，其市场占有率和销售业绩都以惊人的速度向上飙升。这一片飘红的市场走势让宝洁公司上至老板下至基层业务员，都兴奋不已。然而过了不到一个月，这种强劲的增长势头开始放缓，又过了几天，销售量居然不增反降！

宝洁公司的领导层和相关人员都颇为不解。他们让人进行了大量的市场调查，但仍然找不出汰渍洗衣粉销售量突然停滞不前的根本原因。于是，公司内部召开了一次产品座谈会。在会上，有一位员工提出了自己的看法，他认为，汰渍洗衣粉销售量下降的关键原因是，汰渍广告里倒洗衣粉的片段，要比竞争对手的广告里相应的片段长了一倍。

领导们连忙问他为什么会这样想。他解释道，自己对汰渍洗衣粉销售量停滞不前的情况也十分关注，觉得如果这样下去公司效益一定会受损。作为公司一员，他觉得自己有责任尽一些微薄之力。于是他从车间的生产、包装、销售等环节都做了深入的了解和调查，结果发现都没有什么问题。他继续琢磨，问题究竟出在了哪里。

由于每天都在想着这个问题，所以有一天当他在电视上看到了汰渍洗衣粉广告时，他突然想，难道是广告出了问题？他连忙重复播放这则广告，反复琢磨，一个细节一个细节地推敲。琢磨了不知道多久，这时他突然有所悟：难道是广告里倒洗衣粉的时间太长了？他对着手表计算了一下倒洗衣粉的时间，是三秒钟。

然后他又开始研究其他品牌洗衣粉的电视广告，主要看倒洗衣粉的环节，他同样计算了倒洗衣粉的时间，最终发现都在一秒半左右。两相比较之下，他发现汰渍的广告里，倒洗衣粉的时间居然比其他品牌多了一半。最终他经过反复的分析、试验，认定问题的关键出在了倒衣粉这个环节上。

听完这位员工的看法后，销售部经理马上请广告部经理当场验证了一下，结果真如这位员工所说的，广告里展示产品倒洗衣粉这一段，一共花了三秒钟，而其他品牌的则是一秒半。于是，广告部经理马上落实，去把广告里倒洗衣粉的那一片段缩短到一秒半以内。果然，新广告播出后，汰渍洗衣粉的销售量又开始上涨了。

这位员工显然是一位非常用心工作的人，所以才能充分发挥自己的高度责任心，想方设法地寻找解决公司难题的方法。最终，功夫不负有心人，帮助公司解决了这次的难题。很快，这位一直用心工作的员工，受到了公司的奖励和重用。

用心工作，对自己做的事高度负责，更容易让自己在职场里脱颖而出，受到公司的重视和重用。当你对工作足够用心时，你一定能做出让公司满意的业绩；当你对工作高度负责时，任何困难都阻挡不了你前进的步伐；当你总是能够很用心工作时，公司就会对你很放心，有什么重要的工作，都会交给你去办，从而让你获得一次又一次升职加薪的机会。

第三章

超越预期

公司"期望二",
我"做到十"

Surpass expectation

超越期待，是职场成功的捷径

丁永强还是海尔公司售后工作人员时，发生过这样一件事。某天，有一个用户家的海尔冰箱出了问题，便打电话给海尔的售后。这个电话正好是丁永强接的，他对此高度重视，马上到用户家去帮对方解决问题。

他对用户的冰箱进行了一番仔细的检查，然后发现问题是通电不畅，造成这个问题的根源是电插座松动了！对于丁永强来说，这只是一个小问题。只见他三下五除二，两分钟便把问题解决掉了。

冰箱的问题解决了，他的任务已经完成了。但他没有马上离开，而是在征得用户同意后，对用户家里所有的电器进行了一次彻底的检查。不查不要紧，他这一检查又帮用户检查出了新问题：用户的电风扇有问题，不能调节风速。

不过用户对此并不介意，认为电风扇使用时间长了都会这样，不想麻烦丁永强。丁永强说，自己不怕麻烦，只是希望能帮对方解决掉所有隐患。用户只好随他，同意他帮忙。丁永强很快发现，电风扇不能调节风速的原因是需要更换一个小旋钮，用户家里没有备用旋钮，而且家里只有用户一个人，不方便出去。丁永强便马上出去买了一套旋钮回来，迅速装了上去。这样，电风扇就恢复正常了。

做好了这一切后，他才离开该用户的家，返回了公司。

没想到他刚回到公司，椅子还没坐热，便又接到了该用户的电话。他连忙问对方，是不是家里的电器又出问题了。对方说，家里的电器经过

第三章 超越预期
公司"期望二",我"做到十"

他的维护后,现在都很好用了,自己之所以打这通电话,是因为想跟他采购二百六十套空调,安装到自己新开的一家旅馆里,同时还需要购买二百六十台彩电,也想让丁永强帮他联系……丁永强放下电话后,马上帮助对方落实了订单。

丁永强为什么能意外获得订单呢?因为他做的事情超越了用户的期望!其实他只做了三件小事:固定好冰箱电插座、修电风扇、买旋钮。然而,尽管是三件小事,他还是比一般的售后服务多做了两件事,因为一般的售后服务只会按照用户的要求做事,很少会主动为用户去做其他事。但正是多做的两件小事,为他赢得了二百六十套空调外加二百六十台彩电的订单。他做事超越了用户的期待,所以用户给了他惊喜。

世界上没有人不喜欢惊喜和超值的东西。大家都希望自己特别想买的商品能打打折;在吃快餐时,很多人都想吃到一款超值的套餐;正常人都希望用更少的钱去买到更好的东西或者更多的东西。可见,绝大多数人都喜欢超值,都想付出更少却得到更多。因此职场中总会有一些员工,总想被提拔和加薪,却又不想像丁永强那样主动多付出一点儿,想办法为用户多解决点儿问题。

只是任何公司都更希望自己的员工能像丁永强一样,主动去做应该做的事,多做出一些超越用户和公司期待的工作。同时,你稍微注意就会发现,在职场里,成功速度最快的、最容易受到老板青睐和重用的,往往是那些总能给公司、用户提供超越期待的员工。因为,超越他人的期待,是职场成功的捷径。

西方社会一直以来都在告诉世人,能够超越他人的期待,更容易获得青睐。例如源自西方的"马太效应",说的就是这方面的道理。

有一天,有个财主要出远门办事。在临出发时,他想考察一下自己手下最得力的三个仆人的理财能力。于是,他给了这三个人每人十枚金币,吩咐他们好好地看管这些金币,千万不能少了,但如果金币有所增加,他回来后就会有所奖励。

仆人甲领到金币后，便拿着去做了他熟悉的生意，结果他最后成功地赚到了一百枚金币。仆人乙领到金币后，也去做了一点儿小买卖，最后，他赚到了五枚金币。仆人丙害怕把金币弄丢了，便把十枚金币都埋在了一处无人知道的地方。

三个月后，财主从外面回来了。仆人甲拿着一百一十枚金币来见财主，财主非常高兴，除了把这些金币送给仆人甲外，又赏了他十枚金币，也就是说，仆人甲最终得到了一百二十枚金币。仆人乙拿着十五枚金币来见财主，财主同样很开心，便赏了仆人乙不用归还自己给他的十枚金币，他赚的金币也可以留下，换言之，仆人乙得到了十五枚金币。仆人丙拿着十枚金币去见财主，财主很生气，批评了他一番之后，把仆人丙的十枚金币收了回来。

财主让三个仆人看管好这些金币，这其中的"看管"是什么意思？看管，就是不能丢失。仆人丙完成了看管任务，却被财主批评了一顿，为什么？因为他没有超越财主的期待！仆人甲和仆人乙则不一样。他们让主人的金币升值了，所以他们每个人都得到了财主给予的惊喜。

职场里总有这样的员工，认为只要把自己的本职工作干好就可以。对于公司额外安排给他们的工作，他们在背地里不是抱怨，就是消极应付。这种员工，很难获得升职加薪的机会。

在柯金斯担任福特汽车公司总经理时，有一天晚上，公司里因有很紧急的事要发通告信给所有的营业处，所以需要全体员工协助。没想到，当柯金斯安排一个做书记员的下属去帮忙套信封时，对方却说这不是他的分内事，他拒绝干，因为他到公司里来并不是要做套信封的工作的。

这名员工的这番话令柯金斯内心愤怒不已，但他脸上却还是努力保持平静，然后不紧不慢地对这名员工说，既然这件事不是他的分内事，那么就请他另谋高就！

欲想取得职业成功，除了尽心尽力做好本职工作外，还一定要做一些应该做的分外事。其实，分外事不但能促使你提升个人能力，还会让你拥有更多的表现自己才华与价值的机会，从而引起公司的注意，得到公司的认可和重视。

总能做出一些超越公司期待的好成绩，总能承担一些大多数同事都不敢承担的责任，总能主动去做一些应该做的分外事——这就是绝大多数职场成功人士获得成功的原因。很多员工都关心自己怎样才能获得公司的青睐与重用，其实，只要你能够经常做出超越公司的期待的表现，总能给公司惊喜，你很快就能够被公司关注与重用，得到加薪与提拔。

老板能给你的最好评语："你比我预想的还要好"

对于用人单位来说，许多二十多岁的年轻人，除了有限的履历和学历证明，以及"年轻"这个不好评估的优势外，剩下的一个可以评判其能力和价值的标准，就是这个年轻人"能把工作干到什么样的程度"。

初入职场的人，总会在工作上遇到瓶颈，挨上司的批评，和有些同事合不来，受客户的气……这些都是职场里很常见的事。如果一遇到类似这样的事，便认为"这个公司的环境和氛围并不适合我"，然后想跳槽，显然就过于轻率，也是对自己前途的不负责任。其实，无论身处哪个公司，作为员工的你，最应该关注的是，你做事的结果是否让公司满意？你的工作能力是否被公司认可？公司里的老板、领导是否对你说过类似于"你比我预想的还要好"这样的评语？

在职场里，如果你想快速站稳脚跟、尽快获得更好的发展甚至取得阶段性的小成就，都应该努力让自己收获老板和领导对你的这样一句评语："你比我预想的还要好。"为什么呢？因为只有你做到了比他们预想的还要好的事情后，他们才会重视和重用你。怎样才能收获这样的评语呢？要能超越老板、领导的期待去做事。

1976年，15岁的澳大利亚小伙子查理·贝尔来到麦当劳在澳大利亚的一家分店去面试。家境贫寒的他由于营养不良，脸色有点儿苍白，身体瘦弱，浑身土里土气。一看到查里·贝尔的这副模样，时任店长彼得·里奇听到了他的来意后，马上用"我们这里暂时不缺人手"的借口婉言拒绝了他。他只好难过地离开了。

过了几天，生活依然没有着落的查理·贝尔第二次来到这家麦当劳店求职，希望店长能给他一个工作的机会，声称不要薪水也可以，只要给他解决吃住的问题就行。看到店长没吭声，查理·贝尔又说，他看到店里的厕所卫生状况不是很好，感觉会影响店里的生意，所以他愿意从扫厕所做起，不知道店长可不可以把他留下来。店长实在经不住他的不断请求，只好勉强答应了他，让他留下来扫厕所。

当时，查理·贝尔年纪虽然不大，却已经很懂社会冷暖与人情世故。他知道，自己仅靠"零薪酬"，是很难一直留在这里工作的，除非能给出超越店长期待的表现。于是，从第一天上班开始，他就决定好好表现自己，努力让店长对他刮目相看。

对于大多数人来说，扫厕所都是一件很肮脏又很不体面的工作，但小小年纪的查理·贝尔并不这样想，反而觉得这份工作是他事业起步的基石。所以，他对待打扫厕所的态度，比任何保洁人员都要好，干起活来比任何同行都要更用心、专注。

每天早上，查理·贝尔都会第一个来到店里上班，然后把厕所再彻底清扫一遍，虽然前一天下班前，他已经打扫过一遍了。由于做事用心，注意观察和思考，所以他对扫厕所这份工作居然也摸索出了一些规律来。例如，他发现，先把大块的纸张扫掉，接着在那些脏湿的地方洒上干灰，借助干灰把地上的水吸干，然后再去打扫，清洁出来的效果，要比直接一股脑地清扫好很多。

他对待扫厕所是如此认真，以至于每次店里打烊前，他都一定要确认厕所没有弄脏，然后才放心地下班。但更多时候，他都会打扫一遍厕所才愿意下班。为了能让顾客在店里如厕时心情舒畅，他在厕所里特意摆放了几盆花草。后来，为了增加厕所里的文化气息，他居然还在厕所墙上合适的地方贴了一些谚语、格言和富有艺术感的画！

用心努力做事的查理·贝尔，每天都想方设法让厕所既卫生又舒适，给每一位进来如厕的顾客一个最好的感受。由于他的到来，这家麦当劳店内厕所的卫生状况大为改观。很多顾客都跟身边的亲人和朋友们说，这家店里的厕所，比很多餐馆用餐的地方还要干净。

对于查理·贝尔超越期待的表现，店长彼得·里奇先是感到出乎意料，继而默默观察，看在眼里，记在心里。三个月试用期满后，店长宣布正式录用查理·贝尔，让他接受正规的餐饮业培训。虽然只是作为钟点工，但贝尔很快便在培训人员里脱颖而出。

培训结束后，店长有计划地让查理·贝尔在店里的各个岗位上轮流进行锻炼。而不管在哪一个岗位上，他总能以超越店长期待的表现做到最佳。在进入这家麦当劳店的四年后，查理·贝尔已经完全熟悉了麦当劳生产、服务和管理的所有业务。凭着超越期待的优异表现，他成了澳大利亚麦当劳餐厅里最年轻的店面经理。这一年，他才19岁。

过了一段时间，表现特别出色的查理·贝尔被麦当劳美国总部派往欧洲工作。再后来，他先后担任了麦当劳澳大利亚分公司的总经理，亚太、中东、非洲以及美国芝加哥总部的负责人。最后，他甚至成了麦当劳总公司的CEO（首席执行官），负责麦当劳全球一百多个国家、超过三万家餐厅的经营。

无论被安排在哪个岗位、从事哪一份工作，查理·贝尔总能以超越期待的表现，赢得领导、同事、顾客们的普遍赞赏。难能可贵的是，他一直在用心研究业务和顾客消费规律，还会经常以董事长身份亲自站柜台，服务顾客。他当初清扫厕所的经验如今已经在麦当劳所有分店推广，成为麦当劳厕所保洁的标准。

2010年，查理·贝尔来北京参加了麦当劳的一项重要活动。其间，在接受采访时他说："从15岁在澳大利亚麦当劳餐厅兼职打工开始，我就努力使自己达到店长的心中所想，甚至做得比他期待的还要更加出色。我只有这样才能真正留下来，有机会施展自己的才华，这也是我想要告诉给所有年轻人的经验。"

职场新人来到工作单位如同新兵入伍，都要经历一番摸爬滚打。新兵在初入队伍的三个月必须水里来泥里去，待通过了艰苦的考验后，才是一名合格的战士。菜鸟雇员在工作中从稚嫩到成熟，也必须去除不符合职场要求的瑕疵和毛病，迅速达到合格状态，符合岗位的要求。若能在合格的基础上，表现优异且超越用人单位的期待，毫无疑问就是老板和领导眼中值得培养的新人。

并非每个职场新人都能入老板、领导的"法眼"，也不是随便一个扫厕所的"零薪酬"员工都能做到CEO的位置。是否能从新工作里"真正学到什么，掌握何种技能"，所做的工作"是否能有长期的回报"……这些都是新人应该关注的。当然，新人最应该关注的还是，如何获得公司老板、领导给予你的"你比我预想的还要好"的评语。怎样才能获得这样的评语呢？这取决于你的工作到底有多出色，是否出色到令老板、领导"刮目相看"。

在激烈的职场竞争中，总能超越期待的人更容易胜出，受到公司的重用。切记，职场不相信眼泪，老板不相信借口，超越期待地做事才是你在职场中迅速脱颖而出的最大资本。

你能超越期待，回报不请自来

晓霞从小到大都生活在一个偏远的山区里，19岁那年，她没有考上大学，而且由于家境贫寒，她放弃了复读的打算。和很多没有考上大学的同龄人一样，晓霞也去大城市打工。由于不懂什么特殊技能，晓霞只好选择去做餐厅服务员。

在很多人看来，餐厅服务员这个职业并不需要什么技能，只要招待好顾客即可。甚至大多数当餐厅服务员的人都是这么认为的，所以能真正做好这份工作的人反而不多，能够从这个位置开始跃升的更是少之又少。

幸好，晓霞是这少之又少里的一位。自从当了餐厅服务员后，她从不应付了事、得过且过，反而是由始至终都表现出了极大的积极性和耐心，彻底地投入这份工作当中。

一段时间以后，晓霞不但和经常来餐厅吃饭的顾客变得非常熟悉，还记住了他们各自最喜欢吃的菜是什么，都喜欢什么样的口味，甚至她连这些人各自的行业、职位、脾气、老家在哪里等情况都了解得一清二楚！

每当有顾客来吃饭时，她总能准确地提醒厨师做每道菜时应该注意哪些事项，还能恰如其分地和顾客聊天……所以，每位顾客来到这里，都能吃得满意，聊得开心，无论是怀着什么样的心情来到这里，走的时候总能带着快乐离开。

顾客们对晓霞的赞誉越来越多，餐厅的生意更是越来越好。晓霞除了能让顾客们吃得满意，聊得开心外，还有一些别的服务员比不了的能力。

第三章 超越预期
公司"期望二",我"做到十"

例如,她总能让包间雅座里的顾客们多点一两道菜;又如,很多服务员只能招待好一两桌顾客,她却能独自招待几桌顾客。

总能做出超越老板期待的表现,老板很快便看到了她的能力。在默默考察了她一段时间后,老板便把她提拔为餐厅的大堂经理。在职场就是这样,当你能够做出超越期待的表现,回报就不请自来,给你一个大大的惊喜。

已故美国著名银行家J·P.摩根曾经这样告诫自己的孩子:"如果总在别人期待之前做到,你会始终得到A+的评价。"所有企业和组织的管理层都喜欢听到"这个任务我已经圆满完成""业绩我已经超额完成"之类的话。很多时候,老板和领导为什么会很放心地把某项重任交给某个人去完成?因为这个人曾经不止一次超越老板和领导的期待完成过任务,提供过超越老板和领导期待的优异业绩。

方木山是马来西亚立达环球控股公司的CEO,他是出生在马来西亚的华人后代,祖籍广东潮州。16岁时,他发现在马来西亚过得很艰难,又寻找不到什么出路,便去了新加坡。到了新加坡后,他在一家电缆电线公司找到了一份当杂工的工作。当时,他的想法很明确,干什么工作都没关系,重要的是先把工作干得让老板满意,让自己能够留下来,把温饱问题解决掉。

为此,方木山在工作上非常卖力。勤奋好学又认真用心的他,很快便让老板对他刮目相看。老板觉得这个年轻人做事很不错,便把他聘用为正式工,同时还给了他更多重要的工作。方木山把握住了这一机会,处处留心电缆电线的生产技术和销售动向。

在新加坡的这个工作岗位上,他一干就是十几年。由于他做事总能超越老板的期待,所以,他逐渐由一名杂工成长为一位熟练的电缆技术员和推销员。后来,在20世纪70年代的时候,已成为业内专家的他,还参与了挽救马来西亚电缆与金属制造厂的工作。

在积累了这个行业成熟的技术和经验后，方木山带上这些年在新加坡打工积攒的钱，回到了马来西亚，与朋友一起创办了立达电缆工业公司，并将企业做成了上市公司。

你能超越期待，回报不请自来。当你做事总能超越期待时，对你效力的公司有好处，对你的前途更有好处。当你总能以超越他人期待为标准去执行工作任务时，不但能经常做出超越他人期待的业绩，还能不断提升你的个人实力。当你的实力达到一定程度后，无论你是继续在这家企业里工作，还是自己创业，都能更容易赢得你想要的回报。

黄蔚还是海尔公司某个车间里的一名实习生的时候，便已经参与到了设计海尔健康型冰箱图案的工作中。由于黄蔚设计出了如今作为海尔LOGO（商标）的"海尔兄弟"，并深受消费者的喜欢，为海尔产生了巨大的经济效益，所以便被破格调到了技术中心工作。

在不讲究论资排辈的海尔，你的工作业绩决定了你的待遇。若你做出的工作业绩总能超越公司的期待，就一定会有一个很好的发展前景。其实在绝大多数公司里，能否在岗位上脱颖而出，首先靠的也都不是关系和资历，而是你是否有超越公司期待的工作表现。

美国微软公司创始人比尔·盖茨曾多次在公开场合强调："我希望更多比我优秀的人加入微软。只要你绝对出色，微软可以为你付出所有。"真的有他所说的比他还出色的人才吗？当然有，而且还不少。例如，有一次比尔·盖茨看中了一位软件人才，想要说服此人加入微软公司。但是，这个人并不想加入微软，原因是他不愿意离开生活了十几年的小镇而去西雅图定居（西雅图是微软总部所在地）。

比尔·盖茨干脆把这个人工作的公司买了下来，还在旁边专门成立了一家微软在当地的分公司。这件事看似不可思议，但细想下来也合情合理：你有什么样程度的超越期待的表现和潜力，就能赢得多高的待遇和回报。

当你选择到某个公司上班时,你不仅仅是为了每个月获得固定的工资,还是在利用公司的资源和平台提升自己,获得能力与经验上的升级。正因如此,你需要在这一平台上超越期待地做事,为自己赢得更多的物质保证、理想的工作环境和上升空间。

而当你总能在工作上超越期待时,你的价值就已提升到了一种很高的层次,你已成了难以替代的人。这时,那些你应该得到的丰厚回报,必定有人主动给你提供。所以说,你能超越期待,回报不请自来。

期望二，做到十，你的竞争力想不强都难

张彤彤刚大学毕业不久，参加工作还不到半年。作为某公司老板康总的秘书，她的工作做得很出色，老板经常赞赏有加。为什么她会受到老板的夸赞呢？因为她总能做出让老板满意甚至超越期待的事来。

例如，在她的办公桌上，大家很容易能看到一张打印工整的"时刻记得提醒康总的二十件小事"，上面包括"提醒康总带好名片""提醒康总开会的时间"，等等。有一位和她关系很要好的同事问她："你的工作做得可真够细致的啊，细致到连这么小的事情都要提醒康总，这真的需要吗？"

她认为这些工作都非常有必要去做好。她解释道，写在纸上的这二十条，康总从来没有要求过她，是她自己觉得很有必要，所以才写下来提醒自己的。她觉得，作为一名下属，如果想尽到责任，应该常常问自己三个问题：公司（或者领导）需要什么？我能做什么？我应该怎样做才能做得更好？

彤彤是这么想这么说的，更是这么做的！一年后，她已经不是康总的秘书了，而是成为集团的办公室主任。如果你是老板，你会喜欢和重用彤彤这样的员工吗？

彤彤的职场发展启示了我们，想在职场获得更好的发展和成功，首先要赢得老板和领导对你的重视。怎样才能让老板和领导格外地重视你呢？首先，你负责的每一件事情，都能做得超越老板和领导的期待；其次，能够经常做出一些让老板和领导惊喜的事情。

第三章 超越预期
公司"期望二",我"做到十"

海尔CEO张瑞敏在称赞自己的"左膀右臂"杨绵绵时,用了一个很好的评价:"往往我期望二,她却能做到十。"这其实也描绘了最出色的执行者的自我要求——别人尤其是老板和领导对你有期待,你不但能全力以赴做好,而且好到超乎老板和领导的期待。

杨绵绵究竟做了什么,具体是怎么做的,会让张瑞敏对她有如此高的评价?我们通过阅读《第一执行官》等著作所介绍的关于杨绵绵的事迹,能找到这些问题的答案。

1984年,主要生产电动葫芦等小机电的青岛市东风电机厂由于经营不善,处于倒闭的边缘。当年12月份,时任青岛市家电公司副总经理的张瑞敏接受上级委派,负责组建青岛电冰箱厂。他刚上任,便决定引进德国利勃海尔电冰箱的生产线,实际上是购买利勃海尔的电冰箱生产技术。

在刚开始组建新厂的时候,张瑞敏便真诚邀请杨绵绵参与到项目引进的工作中来。杨绵绵欣然接受了,并成了张瑞敏的主要助手。当时几乎没有人看好这个项目,因为刚开始厂子账面上一分钱也没有,只有几间破房子和几块地。在这样的条件下,想要把那些见都没见过而且谁也不懂的设备引进来,大家心里其实都没有底。

但张瑞敏认为,既然决定了要引进这个项目,就必须要做好;既然决定要生产电冰箱,就应该尽快了解电冰箱的基本生产过程和相关知识技术。为此,他让杨绵绵马上去了解一下这方面的具体情况。

接到任务后,杨绵绵马上开始寻找相关人才。可此时她才发现,国内根本就没有真正懂生产冰箱的技术人才。这么大的一个国外引进的项目,总不能由一群啥也不懂的门外汉来操作吧?她先去图书馆找来冰箱制造方面的书籍进行钻研。这时她发现了一本名叫《电冰箱》的书写得很棒,便想方设法联系到了该书的作者。

这本书的作者在上海工作,于是杨绵绵亲自去了上海,当面向作者请教。后来,她还把对方请到了青岛,担任企业顾问,让他把冰箱制作的基本原理给大家详细地讲了一遍。通过这样强化式的学习与实践，杨绵绵从对冰箱一无所知，迅速成为初步掌握与冰箱相关知识的专业人士，堪称半个专家。接下来，她又不断派人向国内的同行学习，回来之后结合自己之前掌握的知识，设计出了图纸，开始了对电冰箱的研究与制造的实践。

通过这段故事我们发现，正是当年杨绵绵的这种超乎寻常的执行力，使得海尔后来发展得那么迅速。原本张瑞敏只是让杨绵绵去了解一下引进冰箱生产线的基本情况，如果换成是有些人，很可能只会走走过场，或者交给下属们去做。作为管理者的杨绵绵，即使自己不去深入了解冰箱的制作技术，而是完全交给技术人员去研发，也没有人会说她什么。然而，她居然在极短的时间内，让自己从一名对冰箱的知识与制作一无所知的人，成为这个领域的专家，这真是大大超越了张瑞敏的期待。难怪他会感叹杨绵绵是"往往我期望二，她却能做到十"的卓越员工。

其实，绝大多数有杰出成就的成功人士，在奋斗过程中，都曾经不止一次地做出过"别人期望二，他（她）却做到十"的卓越表现。正是因为总能"期望二，做到十"，所以这些成功人士从一开始就拥有了强大的职场竞争力，从而拥有了越来越多的发展和成就自己的机会，并最终让自己迈向了事业的巅峰。

《潘基文传》里介绍了曾任联合国秘书长的潘基文这样的一段经历：

2000年，潘基文还在担任韩国外交部次官。有一次，他陪同时任韩国总理李汉东去访问俄罗斯。

在飞往莫斯科的飞机上，其他的随行人员大都睡觉了，潘基文其实也可以去休息，但因为李汉东总理在阅读访问俄罗斯的相关文件，他就想，说不定总理会有什么需要，要叫自己。

因此，他就一直等在总理身边，直到飞机快抵达莫斯科，确认总理已经休息了之后，才在一旁稍微休息了一会儿。

作为潘基文的领导，李汉东并没有要求潘基文等在旁边，但潘基文却认为，领导也许有需要自己的时候，如果自己去休息了，就帮不上忙了，这样很不好。所以，潘基文宁可主动在一旁等着，也不愿意去休息，直到领导休息了他才放心休息。

潘基文的这种行为，也是一种超越领导期待的做法。领导要求的，他能努力做好；领导没要求的，只要他觉得应该去做，他也能主动完成。如果你是老板，看到潘基文这样的员工，你会不会感觉心里很温暖和欣慰呢？对于这样的员工，你会不会重用呢？

总之，别人"期望二"，你却总能"做到十"，你的竞争力想不强都难，你想不成功都难。如果你想成就自己，想要尽快实现某个理想，就从现在开始，把自己培养成一位"期望二，做到十"的卓越人士吧。

先有超越期待的付出，后有超越期待的收获

在职场里，我们经常能听到类似于这样的抱怨："就那么点儿工资，何必做那么多，能对付就对付吧。""干了那么久，工资也不涨，职位也不升，真没劲……"爱抱怨自己得到很少的人很可能没有想过，自己付出了多少。有一首歌唱得好："世间自有公道，付出总有回报。"付出才有回报，加倍付出才有加倍的回报，超越期待付出才有超越期待的回报！有人针对想加薪却不愿意付出努力的心态总结了这样一句话，我认为说得很对："抛开付出去谈收获就是要流氓！"

无数事实证明，收获和付出永远是成正比的，要想获得，先要付出；要想有大收获，先要有大付出。当你的付出是其他人的好几倍时，你的收获一定会比其他人多。

香港著名艺人刘德华已经在华人娱乐圈红了三十多年，无数人把他奉为自己的偶像。很多人羡慕他取得的成就，却并没有多少人知道在他成功的背后，他付出过多少艰辛的汗水。

刚开始学唱歌时，刘德华是没有人喜欢的。直到他尝试写歌词时，还有人说他文理不通，建议他先去中文系进修几年。当他唱的歌已经令成千上万听众痴醉时，依然有电台老板评论他根本不懂唱歌，也没有唱歌的天分。但就是如此差的基础，通过超过他人几倍的努力付出，刘德华最终还是成为香港"四大天王"和"十大杰出青年"之一！

他说过，自己最大的特点就是勤奋，一直以来所下的功夫要比别人多

三倍以上，所以才能取得和他人一样的收获。

确实，刘德华在工作上的努力与付出有目共睹。他仿佛每时每刻都在为努力付出着。有一次，他利用休息时间去找舞蹈老师帮他排舞，一天排三个小时，两三天就排好了一个舞。现在我们看到舞台上刘德华精湛的舞技，听到刘德华动听的歌声，很少有人想得到，他一直在台下付出着，甚至比他人多付出了好几倍。

刘德华的成功告诉我们，先要超越期待地付出，后有超越期待的收获。如何超越期待地付出呢？就是一件事情，大多数人只愿意付出50或60分的努力，所以大多数人都没能成功；有少数人愿意付出70或80分的努力，所以这部分人略有小成；还有极少数的人愿意付出90甚至100分的努力，竭尽全力，所以这部分人能取得很大的成就；还有一些行业里顶尖的成功者，一直愿意付出120分甚至150分以上的努力，所以，他们成为行业里非常成功的人，收获了行业里非常大的"蛋糕"，这就是超越期待的收获。

令人遗憾的是，现在很多年轻人只知道随意地浪费时间、精力，去做很多对未来没有任何帮助甚至有巨大害处的事。现在很流行一句话，叫"让将来的你感谢现在努力的你"。如果你现在开始，每天都能有超越期待的努力和付出，将来的你会更感谢现在的你。

在付出的时候，用最好的标准和最高的要求去努力，在做事过程中绝不"差不多就行""能凑合就凑合""能应付就应付"，你就一定会得到超越你期待的收获，发展速度也会比那些不用最好的标准和最高的要求对待自己的人快很多。

我们以蔡依林为例，看看她是怎样做的。蔡依林被华语娱乐圈里的人称为"拼命三娘""歌坛劳模"，连她身边的工作人员也说她有时候努力起来简直就像个疯子，无论公司提出什么样的要求，她总是能做到。其实她的自身基础并不比别人好，但为什么每次演出都反响很好呢？因为她对自己有着很高的标准和要求。

有一次，蔡依林在香港举办了一场主题为"唯舞独尊"的歌舞演唱会。尽管演唱会只有两个多小时，但她却为此准备了三个多月。首场演唱会结束后，她累得连站都站不起来。换成很多人，首场演唱会那么成功，加上累到那种程度，肯定会赶紧回去休息。但她却没有，而是将演唱会的视频认认真真地看了一遍，不放过任何一个细小的纰漏，以便在下一场改进。为此，她一直研究到凌晨才休息。

更令人意外的是，第二天天还没有亮，大多数人都还在休息的时候，她已经早早起来彩排了。由于前一天的演唱会消耗了她很多体力，所以她根本就没有力气完成演唱会上最精彩的一个亮点——鞍马动作。

尽管彩排时，这个动作全都失败了，但等到晚上正式演出的时候，她又神采奕奕地登上了舞台。很多工作人员都以为，她会放弃鞍马动作，但没想到的是她竟然漂亮地完成了这个动作，将演唱会再一次完美地呈现给了观众。这样的表现，让在场的所有工作人员都感动不已。在第一场香港演唱会结束的晚上，蔡依林在给歌迷的信中写道：

……现在我又累又饿，脚趾也因为跳舞磨破皮，而且还在流血。但是我的心里却很满足，因为今天晚上我靠自己的努力，送给了自己一个最好的生日礼物。为了今天短短两个小时的表演，我用了三个多月的时间，过程中我焦虑过，也大哭过，因为我不容许自己站在原地不动。

还记得有一天晚上，排舞排得很累的时候，我突然怀疑在我短短的人生，我牺牲了我的家人、朋友，牺牲了爱情，为了一场演唱会，让自己花这么多的时间，究竟值不值得？

但是今天晚上，当我紧紧抓着双环吊在空中，幕布落下听到掌声的那一刻，我便很清楚很明白，原来这就是我最喜欢的一切，不管未来会花三个月、三年或三十年，我都要这样做下去……

短短的几段文字，却让人动容。其实，真正的天才并没有几个，大多数人都只是平凡人。有些人之所以能取得绝大多数人都无法企及的巨大成功，是因为这些人付出了别人难以想象的努力，一直用最高的标准和要求来让自己不断行动，不断进步，不断创造一个又一个生命中的奇迹。

要想比别人得到更多，就必须付出得比别人更多；要想你的收获超越你的期待，就一定要先付出超越期待的努力。就像刘德华、周润发、成龙这些已经红了三四十年的著名艺人，能够那么多年一直有大收获，正是因为他们由始至终都一直付出着比他人多好几倍的努力。

身处职场的你，如果想拥有一个更好的未来，也必须从现在开始，比你的同事、同行更加努力，如果比他们努力几倍，你未来也能收获比他们多几倍的回报。当你明白了这一点，你就会发现，努力和付出不再是一种折磨与痛苦，而是一种成长的快乐。

始终领先他人一步，就步步占据先机

有个农夫第一年挣了十两银子，然后用这笔钱买了一头牛。在第二年年初的时候，他计划在未来的一年里领着那头牛一起继续埋头苦干，挣回一百两银子，然后在年底的时候，再买十头牛。等自己拥有了十一头牛，就可以开一个小型的养牛场了。到了年底，农夫果然挣到了一百两银子。然而，牛的价钱也在大幅度上涨，这时候的一百两银子居然连一头牛都买不起了！

这个故事启示我们，整个世界都在不断地向前发展，有时候发展得缓慢，有时候却发展得极快。当世界发展缓慢时，你以为你偷一下懒、停下来歇息一下也没关系。然而，当你不前进的时候，别人仍在前进，于是也会把你甩在后面。当世界发展加快时，即使你在前进，但走得太慢了，别人前进得比你快很多，也会把你甩在后面。你只有不管世界怎样变化，都始终领先他人一步，才能不断收获到令你满意甚至超越你期待的回报。

赵桐在某网络通信设备公司的销售部担任了四年的经理。在过去这四年里，他忙于应酬和日常事务远多于销售业务，可以这样说，他是在一片"干杯"声中度过了四年。除了酒量以外，他的其他方面的才能都没有什么提升。但在过去这四年里，他部门里的每一位员工，各项能力尤其是销售能力都有了不同程度的提升，也都在创造着不断刷新的业绩。其中的一位叫阿岗的小伙子，销售业绩更是惊人，连续四年业绩第一。而且阿岗在

第三章 超越预期
公司"期望二",我"做到十"

三年前成为赵桐的副手后,通过三年的锻炼,已经有足够的管理能力去管理整个销售部了。在第五年年初的时候,公司进行了人事调整,赵桐转到了后勤部当副主任,收入大幅度下降;阿岗成为新的销售部经理。

职场有时候是很残酷的,如果你不能不断淘汰旧的自己,成长出一个新的自己,就很容易被别人淘汰出局。想要在职场竞争中始终占据主动权,就必须付出比别人更多的努力,让自己始终领先他人一步。

过去三年来,每个工作日来某中型广告公司设计部里上班的一直是两男一女。平时,这三个人总能在繁忙的工作中找到偷闲的机会。例如,聊聊电视剧,或者是商场里最新的打折信息,或者是家长里短,或者是明星八卦,等等。这样的职场生活,让这三个人一直过得优游自得。

这种生活终会有被打破的一天。有一天,老板领着一个稚气未脱的男生走进了这间办公室,原来是他们的新同事,刚刚从大学毕业然后成功被这家公司聘用的冯营。从到设计部上班的第一天开始,冯营就总是第一个来到办公室,然后开始打扫卫生。等办公室被他打扫得干干净净后,那三位"老人"才会在还有几分钟就到上班时间的时候,来到办公室。

设计部其实有很多需要跑腿的活儿,之前设计部的这几位"老人"都不愿意去干,每次都是通过猜拳的方式决定谁去跑腿。但现在冯营来了就好办了,但凡有了需要跑腿的活儿,不用任何人吩咐,冯营都会主动把东西送往该送的地方。有了冯营之后,这三位老员工的日子仿佛过得更轻松了,因为冯营帮他们分担了更多的工作。而下班之后,当他们准点下班之后,冯营还会毫无怨言地收拾干净遍地狼藉的办公室,才回家。

冯营不但把粗活、脏活、累活都揽到了身上,设计能力也很强。在他的好几个广告方案都被客户采纳后,冯营在老板心目中的地位越来越重要了。然而,这三位老员工还是没有感觉到危机的到来。直到半年后,公司又招进了三名设计师,都是有一定职场履历、在别的广告公司工作过的。于是,设计部里竞争氛围变得越来越浓了。

冯营当然能感受得到这种竞争的气息，所以更是付出了比其他同事多好几倍的努力，并且虚心向每个人求教，向外面的优秀同行学习。所以，他所设计的广告方案，依然是被客户采用得最多的那一个。而且，被采纳的方案的数量，比其他六位新老同事加起来还要多。

转眼间又到了第二年的年初，设计部原来是挂靠在业务部下面的，所以连部门主管都没有。现在因为广告设计业务不断增加，所以老板决定将设计部独立出来，年纪最小的冯营，则成了主管。同一天，设计部里的一位老同事被解雇了，原因是在过去的一年时间里，他设计出来的广告方案，没有一个是被客户采用的。

其实从某个角度看，职场就是一个永不闭馆的竞技场，每天都进行着淘汰赛。在这场比赛里，只有比别人跑得更快的人，才不会被淘汰。

要想在职场竞争中远离生存危机，一直做职场赢家，就一定要迅速让自己优秀起来，不断进步，最好是能够始终领先他人一步，这样你才能一直保持足够的竞争力。怎样才能始终领先他人一步呢？最有效的方法，就是一直付出超越他人想象的努力。别人以为付出两倍的努力已经很了不起，但你却能付出比他人多三到五倍的努力，那么，你就一定能始终领先他人一步，无论是现在还是未来，你都能在竞争里占据最主动的位置。

能做到 100 分，就总能做到 120 分

台湾联发科技股份有限公司董事长蔡明介说，联发科技能够成功，主要是因为他们会自我要求尽力做到 120 分，而不仅是 100 分；而那些能自我挑战 120 分的新人才，不仅有专业能力，也能够跨领域合作，还能从整体性思考，不会自我局限，所以为公司的发展和成功做出了不可磨灭的贡献，也是公司保持现在和未来竞争力的关键。

这启示我们，一个人、一个产品、一家公司只是保持着和竞争对手一样的水准，是很难从行业里脱颖而出，成为数一数二的公司的。因为这意味着你没有自己的优势和特色。比竞争对手水平低就更不行了，当今的任何一个行业，都强者林立，竞争激烈，如果你的实力、优势、水平都比不过别人，被行业淘汰出局只是时间问题。

无论是职场里的某位员工，某个新产品，还是某家公司，想要在竞争中胜出，唯一的途径是比别人做得更好。别人做得一般的时候，你做得优秀；别人做得优秀的时候，你做得卓越；别人做得卓越时，你做到不可替代！怎样才能做到呢？永远想方设法走在别人前面，别人做到 80 分时，你做到 90 分以上；别人做到 90 分时，你做到 100 分；别人做到 100 分时，你做到 120 分！

作为全球最大的网上书店，亚马逊一直都以快速、准时著称。国内曾有一位用户在亚马逊网上书店从国外购买了一本英文版的图书。亚马逊承诺，如果采用国际快递，这本书能在二十个工作日内送达。用户采用了这

种方式。

没想到第二十一个工作日到来时，该用户还没有收到这本书，于是便发电子邮件催问具体情况。网店工作人员很快便给他回复了，先是向用户表达了深深的歉意，然后用特快专递马上给用户又递了同一本书过去。

用收费昂贵的特快专递投递的书，四天后便送到了用户手上。没想到，又过了五天，用国际快递发送的那本书也到了。用户把这两本一模一样的书放在书桌上，左右为难。于是他把情况又反馈给了亚马逊网上书店的工作人员，询问能不能退一本给他们。

亚马逊网上书店的工作人员马上给他回复说，后来寄过去给他的书，就作为礼物送给他了。而整个过程中产生的费用，都由亚马逊网上书店承担。为了表示歉意，书店送了一些购书代金券给他，以后他买书时可以当作现金使用。

亚马逊网上书店的一系列善后做法，完全超越了用户的期待，令他对亚马逊网上书店的服务非常满意。从此以后，这位用户不但经常在亚马逊网上书店消费，还介绍了很多亲戚、朋友、同事到亚马逊网上书店去买书消费。

如果你去了解一下，会发现很多人对亚马逊网上书店的评价都很高。为什么会这样？因为亚马逊网上书店总能提供超出用户期待的服务，总是能够让人们获得最大限度的满意。如果说用户对亚马逊网上书店的要求是提供90分的服务，他们却时不时能提供100分的服务，甚至有时候能提供120分的服务！

这启示我们，在职场里，如果你能够用超越期待、做到120分的标准来要求自己，你就能迅速脱颖而出。通常，在一家大公司里，以满分为100分的标准来评价员工们的工作成绩，能达到60至70分的占到了70%左右；能做到80至90分的人占了15%左右；能做到90分以上的大概占了5%，这类人其实已经能让用人单位非常满意了；而能做到100

第三章 超越预期
公司"期望二",我"做到十"

分的几乎是凤毛麟角;在职场里占万分之一都不到。能够以做到120分为标准来要求自己的,更是少之又少。但能够在职场里大放异彩、功成名就的,正是能努力做到100分甚至120分的人!

美国通用电气公司(GE)原董事长兼CEO杰克·韦尔奇说过:"员工对老板要over deliver,就是永远要做得比老板要求的更多,这样自己才能学到更多,也更容易被老板赏识和重用。"

怎么理解杰克·韦尔奇的这段话呢?用上面的内容形容就是"老板要求100分,我却努力做到120分"。换言之,如果老板希望你做出100分的成绩时,你却能够提供给他120分的成绩,你一定很容易被老板赏识和重用。

香港著名企业家、香港"勤+缘"出版社董事长兼总经理梁凤仪在一次采访中说道:"如果你拿的是2000块钱的工资,而你做的却是5000块工资的事情,那你就能加薪。"

确实如此。如果你的工资是2000元,你做的事情却价值5000元,那你就是超越了老板的期待,把惊喜送给了老板,聪明的老板势必会主动给你加薪,让你的工资超过2000元。

能做到100分,就总能做到120分;想要拿到10000元的月薪,就请先做出价值30000元的工作成绩。任何希望在职场中成就自己的人,都一定要建立"能做到100分,就总能做到120分"的工作逻辑,否则不可能赢得任何机会。当一名员工总能以"能做到100分,就总能做到120分"的标准要求自己,就一定能在执行中不断做出超越公司期待的业绩和结果。于是,这名员工必定会受到越来越多来自公司老板和领导的青睐,赢得越来越多的重视和重用。

提供超值的服务,就有超值的回报。用"能做到100分,就总能做到120分"来要求自己,既对老板有利,又对自己有利。为什么呢?因为当老板期待你能提供100分满分的价值时,他给你的薪水可能是月薪50000

元。然而，当你给他提供120分的价值时，他就很可能给你提供60000甚至更多的薪水！所以，超越老板的期待，得到的将是双赢的局面。

有人也许会质疑："老板要求做到100分，我却做到120分，这不是要把老板宠坏吗？如果我做到了120分，老板却不给我加薪，我该怎么办？如果以后老板的胃口变大了，我又该怎么填饱他？"

有这样的想法和疑问在所难免。然而，践行"能做到100分，就总能做到120分"的工作逻辑，其价值就在于，你在给老板提供价值时，你自己的价值也能够获得迅速的提升。当你总能超越老板的期待时，如果老板依然不愿意回报你，你大可离开他。因为能够做到"老板要100分，你却能做到120分"的员工，去到哪里都一定最受老板们的欢迎。

事实上，若你总能超越老板的期待，老板只会对你越来越依赖，你会成为老板手下的"首席干将"，享受到最好的待遇，拥有最大的自主空间。这时的你反而会成为老板极力笼络的对象，你已经占据了主动权。

切记，一个总能做到比别人要求还要好的员工，一个总能超越别人期待的员工，能征服任何一个公司的老板，能征服任何一个时代的所有老板。

第四章

融入团队

公司推崇团队精神，我善于合作

Integrate into the team

合作力，适应未来变化的必需之力

当今社会，纷繁复杂，变幻莫测，日新月异，人与人之间的相互依存关系越来越密切，需要合作的时候越来越多，想靠着自己一个人的力量，就取得很大的成功，这已变得越来越不可能。毫无疑问，为了更好地活在当下和适应未来，我们必须要培养好自己的独立能力，一定要不断让自己成长，提升个人更好适应未来的能力。

然而，独立不等于远离群体，不与他人打交道，不与他人合作。如果过于离群索居，如果不善于和他人合作，不能迅速融入团队之中，不懂得借助他人的力量，我们很可能会陷入生存和发展的困境之中，甚至被社会孤立和抛弃。

我们先来看一则寓言故事。很久以前，有个地方闹起了特大的灾荒，所以当地人带着所剩不多的粮食纷纷出逃，去寻找能生存和发展的地方。很多人都死在了路上。在一条路上，还有两个人继续往前走。这两个相互并不认识的人，都已经很饿了，再不吃东西，可能就要死去。

这时候，老天爷想帮帮这两个人，于是便给了其中一个人一条又肥又大的鲜鱼，给了另一个人一张渔网。老天爷的初衷是希望这两个人能一起合作，相互扶持，一边吃着这条鱼一边向前走，然后就能坚持走到前方一处有很多肥美的鱼的湖泊。然后，拿到了渔网的人就可以捕鱼，两个人都解决了饥饿问题。

没想到，这两个人不但没有合作，还为了把对方所拥有的东西占为己有而打了起来。最终，这两个人谁也没打过谁，只好各走各的路。拿着渔网的人先行离开了。得到了鲜鱼的人，用身上带着的火柴，点着了一堆他收集回来的干草干柴，做起了烤鱼吃。

带着渔网的人，因为很多天都没吃过什么东西了，最终没能到达前方的湖泊便倒地死了。另一个人因为没走前者所走的方向，结果最后也饿死了。

在逃荒的人里，还有两个素不相识的人也遇到了先前这两个人一样的饥饿困境。老天爷也同样给了一个人一张渔网，另一个人一条又肥又大的鲜鱼。不过，这两个人并没有像先前这两个人那样打起来，然后分道扬镳，而是一起商量着互相扶持前去湖泊边上定居。于是，这两个人把那条大鱼分成了好几份，然后决定每天吃一份，而每一份都是两个人共同分享。靠着这条鱼，他俩坚持到了湖边，发现里面有很多又肥又大的鱼。

于是，这两个人就在湖边定居。在往后的日子里，他们共同捕鱼，除了留出足够自己吃的鱼外，他们还把多余的鱼拿到山外的市集去卖。从此，这两个勤劳的人生活变得越来越好，还都娶妻生子，在湖边过着幸福的生活。

有一句法国谚语说得很对："聪明人与朋友同行，其步调总是一致的。"其实，一开始的那两个人也是有机会活下来的，但是他们并没有互相合作。他们并不明白，在面对未来时，绝对孤立的一个人是没有办法继续生存下去的。在强大的自然面前，一个人的力量渺小且微不足道，要想适应这个复杂多变、日新月异的残酷世界，就必须团结一致，共同去解决困难。

熟悉足球比赛的人都知道，在一支球队里，即使一名球员踢球技术再顶尖，如果不懂得与其他队员合作，就很容易拖整支球队的后腿，让球队在比赛中吃到一个又一个败仗。例如，十多年前，有一位巴西著名的足球明星叫德尼尔森，球踢得确实好，然而，巴西国家队总是不爱征召他来为国效力，他想加入的很多足球俱乐部也都拒绝了他。为什么会这样呢？因为他没有团队精神，不喜欢和场上的队友们进行配合，爱吃"独食"。所以，谁也不想和他一起踢球。

在职场里，每个员工都像是一位独立的运动员，而每一家公司都像是一支球队，都是一个团体。如果一个员工不懂得和同事们合作，不能够很好地融入团队之中，就很容易被淘汰出局，连生存都成为问题，更别说发展和成功了。通常，只有合作能力强大，善于和他人优势互补的人，才能更好地适应社会的变化，更容易让团队帮助自己实现目标。

前些年，美国曾发生经济危机。在这期间，美国有一家机械厂因为背负债务且生产力下降，所以面临着严重的生存危机。于是，工厂的董事们决定要对工厂进行改革，其中一项措施就是裁员。这对员工们来说是一个爆炸性新闻，因为大家已在这里工作多年，一旦被裁员，将会失去生活来源。虽然社会在不断地发展和前进，但是这家工厂里的很多人却没有与时俱进的适应社会发展的能力。

工厂的裁员通知很快就发出来了，然后迅速传到了各个小组和车间。这次裁员实行末位淘汰制。这家工厂成品仓库里有六名女工，都已四十多岁，在这个小组里面非常团结地工作了十几年，且业绩一直很优秀。不幸的是，根据公司的这次裁员规定，她们小组也要裁掉一个人！

工厂要求这六名员工互相打分，然后谁的分数最低谁就离职。组长看着眼前这五位相处多年的好同事好朋友，大家平时是多么亲密和勤奋，现在却要面临如此残忍的抉择，她都不知道怎么办才好。于是，这六个人一起决定：进行投票决定，谁的票数最多谁离开。最终，组长看到手中的字条上面出现了六个人的名字，原来每个人都在自己的字条上写下了自己的名字，谁也不忍心让其他人离职，所以都选了自己。即使是到了面临淘汰的最后关头，大家还是那么团结与互助。

最终，这个小组还是没能把淘汰名单按时交给上级。这六个人都在为彼此考虑，谁也不想让谁走。于是第二天她们都不约而同地向人事部递交了辞职书，然后一起离开了这个她们供职了十几年的工厂。

离开工厂后，这六个四十多岁的女人凑到一起商议出路。由于长年在工厂里面做仓库管理的工作，她们也没什么别的特长，加上年龄越来越大，重新去学习一些新的技能已经不太可能。她们每个人都有家人需要她们照顾，所以大家都很苦恼。后来，她们突然发现其实自己最擅长的就是做饭，她们都有一手很棒的厨艺。于是她们决定一起集资开一家餐厅。

没有什么积蓄的她们最终还是租下了店面，开起了自己的餐厅，再加上人手足够，所以她们并没有雇其他服务员。后来，通过齐心协力、团结一致的努力，凭借着用最好的服务呈献给人们最可口的菜肴，这家餐厅经营得越来越红火，规模越来越大。

几年后，她们餐厅已成为美国知名的大型连锁餐厅，还拥有了自己的企业和工厂。这六位同事之间的合作，使她们赢得了再次成功的机会。

在公司决定要裁员的时候，如果这六个女子没有合作精神，而是为了利益彼此钩心斗角，都希望自己留下来，那么这六个人最终也不会拥有现在这么好的发展。

合作力是每一个人能适应未来变化的必需之力。如果身处职场的你也能像这六位女子那样，懂得和值得自己信任的人抱团，一起去解决困难，开创共同的事业，就一定要尽快让自己拥有团队合作力，让自己在团队的合力中，不断发挥自己的长处和优势，学会借用团队中其他人的优势。如此，你更容易达成你的职业目标。

我们天生需要合作，离开团队易陷困境

没有人能一个人干好所有事情。任何人都需要他人的帮助，也需要和他人合作。有人认为，个人独立完成工作与有效地和他人合作，会不会产生冲突？其实不会。独立完成工作是个人能力的体现，与他人合作则是一种工作方法。在大多数时候，两者之间是互相结合的。合作是为了使团队中每一个人发挥最大的优势，使工作成果达到最好。在合作过程中，分工明确后，每个人都一定要有独立完成自己工作的能力。

其实，我们天生需要合作，没有他人的帮助和合作，离开了团队的我们，很容易陷入困境和危机当中。不知道你是否发现，在我们周围不乏那些有才华却不喜欢与他人合作的人。这样的人让公司的管理者非常头疼，如果这样的人一直都不合群，公司在权衡利弊后，最常见的结果就是将其解雇。

有一次，某企业的姜总经理说起自己当年在某大公司做策划部主任时，就曾遇到过一个没有团队意识、不愿意和他人合作、很不合群的员工。总经理说，当时那位不合群的年轻人，其实很有才华，他的策划案创意非常好，点子非常多。但当公司开策划会的时候，他却从来不主动发言，领导向他提问或者让他发表见解时，他也不一次把所有的想法都说出来。

可当你要求他自己出一份策划案时，那些思维的火花、令人拍案叫绝的创意、让人眼前一亮的点子，又让你不得不佩服他的才华横溢。只可惜，他总是自以为是，没有团队意识，还公开宣称说"我自己的创意为什么要给别人？"

当时还是策划部主任的姜总，针对这个问题找他专门谈过几次。每次都提醒他，一个部门的成就是大家一起创造的，在一个团队里没有与自己无关的事情。可这位才华横溢的员工却说："不是我分内的事，我为什么要替别人操心呢？"对于如此不合群、不愿意融入团队之中的才子，姜主任最后只能一声叹息。后来，公司还是把他解雇了。

姜总提到的这种员工，尽管个人能力很强，甚至才华横溢，创意很多，但却很难成就一番事业，因为在当今这个分工明确和专业性强的社会，想不和他人合作就做成一番大事业，那是不可能的。事实上，没有任何团队意识、拒绝融入团队、不想和他人合作，只想着发扬个人英雄主义，总是想着自己功劳最大，别人都没有功劳，那么受损失最大的只会是自己，还很容易把自己逼入绝境，落得个悲惨下场。

业务员何飞在自己的业绩成为公司里的第一名后，不是对协助他取得优异业绩的公司团队充满感激，反而开始飘飘然，觉得这全都是自己能力强，够努力，才收获了如此大的成就。更不应该的是，他居然开始对公司客服部的工作人员指手画脚。

原本这些客服人员对何飞的工作都是非常支持的，只要是他的客户打来的电话，客服们都会马上进行售后服务。但是何飞动辄就说"是我给了你们饭碗，没有我，你们都要饿死"，要不然就说这些客服人员服务态度不好，他的客户时不时向他投诉，等等。

客服人员对何飞指责的话置之不理，却通过行动与之对抗。后来，凡是何飞的客户打来的电话，客服人员都一拖再拖。最后，这些客户打电话给何飞，并把怒火都撒到了他的身上。由于后续服务不到位，何飞的续单率非常低，原来的客户也都让公司里其他的业务员抢走了。何飞在公司里待不下去了，只好辞职走人。

细想一下我们都能明白，每一个员工的成绩其实都是在团队的共同资源中创造的，个人离开了团队就相当于鱼儿离开了水，不再有自己的天地和空间。因此，"所有的功劳都是我一个人的功劳，都是我一个人创造出来的"的心态最要不得，否则你很容易受到同事的冷落。

申辰是一家日用品公司的业务员，入职公司还不到一年。每一天，申辰都要到所辖区域的超市、百货店去查询本公司代理的日用品的上柜情况。他平日里最重要的工作，则是不遗余力地进行推销，让商家订购本公司的货品。为了取得更多的业绩，公司同事们不但对外不惜丑化同行，说其他公司的产品质量差、不讲信用、售后服务糟糕等；对内也是烽烟四起，同事之间同室操戈，把公司弄得像战场似的。既要对外作战，又要对内作战，还要时刻防备有人往自己背后"戳上一刀"，所以每个人都忙碌不堪，却又无可奈何。

有一天，公司遇到了一个难得的大客户。为确保万无一失，老板派申辰和另外一个同事白华一起去和对方谈判。为得到这个大单，两个人开始很不情愿地合作起来，并事先声明，得到的业绩一人一半。于是他们迅速行动了起来，申辰负责材料收集，白华进行市场调查，两个人在策略方面进行了仔细探讨。

在谈判过程中，申辰充分展示了自己的谈判天赋。然而，对方却还是不断压价。由于对方要货量确实很大，申辰当然不想失去这么一位客户。在申辰差不多要妥协时，白华从在这家公司就职的亲戚那里得到了一个重要情报：客户是一家实力雄厚的大企业下属的分公司，要这么多货是为了紧急供给总公司所用。

知道了对方的底牌后，申辰和白华便马上开始采取拖延战术。对方最后实在等不了了，只好答应了最初的报价。签了这笔大单之后，申辰和白华还成了最好的搭档，以合作共赢的方式稳居公司销售榜榜首。

我们天生需要合作，因为世界上没有十全十美的万能的人，只有合作，我们才能取长补短,才能产生 1+1 > 2 的效果,减少单干的无限能耗,将工作做到最好。身在职场,想要成功,与其把精力放在充满恶意的相互拆台上,或者冷漠地"事不关己,高高挂起",还不如共同搭台,相互合作,让双方都能跳得更高更远。

职场是所有人的职场,包括你,也包括你的同事。作为个体都有各自的思维、技能和个人利益。团队中每一个成员都具有其独特的一面,只有在取长补短、互相合作之下,才能产生最大的力量,创造出更大的价值。

帮助别人其实就是在帮助自己

有人说，公司就有如一台结构复杂的机器，公司里的每个人都好比是机器里的零部件，只有各个零部件都"各司其职"，一起凝聚成一股力量，这台机器才能运转良好。这启示职场中的我们，每个人都应该充分发挥每个人的长处，扬长避短，且能与别的同事资源共享，凝聚成正向合力，才能取得 1+1 > 2 的好效果，才能让公司很好地运营，不断向前发展。

公司里的每一位成员，都要懂得个体与整体的协调统一，绝不能在工作中只顾自己，而应既为自己着想，又为他人着想，这样同事们才会乐于和你接近，主动和你合作，为你提供助力。只有谁都愿意帮助你，你才会更容易做成各项工作，在职场中发展得更好。

有句谚语说得好："两个人分担一份痛苦，就只承担半份痛苦；两个人享受一份快乐，就成了两份快乐。"作为职场中人，我们要懂得把自己的快乐分享给同事，并且能从同事所拥有的快乐里收获快乐。你若是能在创造快乐的同时，还能够与同事一起分享快乐，你就会永远是一个快乐的人。换言之，你懂得帮助别人，其实就是在帮助自己；你能分享给别人快乐，你就能一直快乐。

老蒋和老李都是钓鱼高手，每次去市郊的一处"钓鱼圣地"垂钓，总是收获颇丰，一会儿就能钓上来一条，没过一会儿又能钓上来一条。而其他钓鱼爱好者，垂钓效果就远远不如这两位高手了。有的人要好长时间才能钓上来一条，有的干脆半天都没有动静。看到这两位钓鱼高手水平这么高，

第四章 融入团队
公司推崇团队精神，我善于合作

鱼仿佛会听这两个人的话似的，所以大家都很想向他们学习。

然而，对于别人的求教，性格孤僻的老李总是一副爱答不理的态度，更多时候，他对别人都视而不见，只是在独享垂钓之乐。老蒋则和老李的性格完全不一样。老蒋为人热心，爱交朋友，生性乐观。当他看到很多人都不会钓鱼，但又向他和老李求教时，便对他们说："你们真的想学钓鱼吗？那我可以教你们。不过，我教你们也会耽误我钓鱼的时间，所以我提议，如果你们学会了我教你们的钓鱼诀窍，每钓到十尾就分给我一尾，不满十尾就不必给我。你们看行不行？"大家听了，每个人都高兴地同意了。

于是，热心助人的钓鱼高手老蒋，便把所有时间都用来指导愿意跟他学垂钓的人。当他教会了一个又一个"徒弟"时，他不需要亲自去钓鱼，每天却能获得满满一大篓鱼。对于老蒋来说，更让他开心的是，他因此还结交了一大群新朋友。大家左一声"蒋老师"，右一声"蒋老师"，令老蒋这位钓鱼高手充分感受到了大家对他的尊重，让他整天都发自内心的快乐。

不爱搭理他人更不愿意帮助他人的老李，尽管也是钓鱼高手，却没能享受到这种帮助他人的乐趣。更重要的是，看着老蒋和其他钓友们打得火热，他闷闷不乐地钓了一整天，虽然也钓上来了很多鱼，但人家老蒋并没有亲自去钓，收获得比他还多。

无论是钓鱼还是在职场里，当你热情、真心地帮助他人的时候，其实也是在帮助自己。当你能用真诚的心与他人交往时，别人也会回报予你真诚，于是你便有了越来越广的职场人际关系。当你能够在团队里向其他人传授你的成功之道时，你获得的回报也一定会超乎你期待的丰厚。

在职场中，有些人可能工作了很多年都没能明白，自己在帮助他人时，其实就等于在帮助自己。在这一点上，经常会有人很不理解地问："明明是我去帮助他们，他们受惠，怎么是我在帮助自己呢？我受的惠究竟在哪里？"

只要仔细想一想，你其实就能明白这样的道理：一个人在帮助别人时，无形之中就已经投资了感情进去。别人对于你的帮助会记在心里的，只要一有机会，他们往往会主动地报答你。而且，友善地帮助他人的过程中，你也是很快乐的。即使你在帮助了他人之后，什么实质性的回报都没得到，但你至少收获了快乐。

帮助别人其实就是在帮助自己，你帮助的人越多，以后会主动帮助你的人就越多。于是，你越往后工作起来就越顺手顺心。于是，工作起来更高效，更容易收获好业绩。其实，无论在职场里还是职场外，每个人都需要他人的帮助。然而，有些人不喜欢帮助别人，只顾着自己的一亩三分地；有些人是想帮助别人但不知道怎么去帮。前者需要改变态度，后者需要改变方法。而只要真正想改变自己，让自己的态度发生彻底改变，就一定能找得到方法。

无论何时何地，能够为他人付出时间和心力的人，才称得上是真正富足的人。友善地帮助他人，不仅能影响他人，还能改善我们的人际关系。成功的人都会把帮助别人当作一种习惯。由于他们乐于帮助别人，善于帮助别人，习惯于帮助别人，所以一旦他们需要帮助的时候，就会有很多人主动来帮助他。如果你也想在未来有很多人帮助你，取得成功，不妨养成主动帮助他人的习惯。那么，从帮助谁开始呢？不妨从帮助身边的同事开始。

第四章 融入团队
公司推崇团队精神，我善于合作

善于合作，和同事一起产生 1+1 > 2 的威力

有一位法国工程师曾做过一个"拉绳试验"。他把参与实验的人组织起来后，便把他们分成了一人组、二人组、三人组和八人组，然后要求每一组都用尽全力去拉绳，他同时用灵敏度很高的测力器去分别测量每一组产生的拉力。

在进行实验之前，大家都认为，几个人拉同一根绳的合力一定等于每个人各拉一根绳的拉力之和。没想到，实验结果很令人意外。实验结果发现：二人组的拉力只是单独拉绳时二人拉力总和的 95%；三人组的拉力只是单独拉绳时三人合作的 75%；八人组的拉力只是单独拉绳时八人拉力总和的 49%。

实验出现了这样的结果，工程师很快便发现了原因：在实验中出现了 1+1 < 2 的情况，是因为有些人没有竭尽全力去拉。这启示我们，在一个团队里，只有每个成员都最大限度地发挥自己的潜力，并在共同目标的基础上协调一致，才能发挥整体的最大威力，产生整体大于各部分之和的协同效应。否则，就会出现"拉绳试验"里那样的大打折扣的结果。

20 世纪 60 年代中期，日本经济飞速发展，并成为世界经济大国，国家竞争力也跃居到了世界前列。为揭开日本经济飞速发展的秘密，以美国为首的欧美国家对日本很多大企业展开了深入的研究。研究了很长一段时间后，他们发现，如果拿日本最优秀的员工与欧美最优秀的员工进行一对一的比较，日本的往往都不如欧美的。但是，如果以班组和部门为单位进

行对比，日本的竞争力要比欧美的强很多。

　　为什么会这样呢？原来，欧美社会崇尚个人英雄主义，鼓励个人奋斗，团队归属感相对来说不是非常强，所以欧美企业往往也由少数人来主导，工作往往由上级以命令的形式发布，企业内部员工之间的个体竞争也比较激烈，故经常形不成1+1＞2的团队竞争力。

　　而在日本企业里，员工们往往有着强烈的归属感，所以容易勤奋、认真，能主动将全身心都投入到工作中去，而企业则能充分发挥全体员工的智慧，注意调动每一位员工的能动性，培养协作精神，结成坚强的团队，从而产生了巨大的竞争力。

　　研究团队最后得出结论：一个人的才能和力量总是有限的，唯有合作，才能最省时省力、最高效地完成一项复杂的工作；总是发挥这种团队协作的威力，这个企业将竞争力超强，发展飞速。

　　这启示我们，当一个企业能够发挥团队里每一个成员的优势力量，然后高效地协作，那么这样的团队发挥出来的能量和威力，将远远大于每个成员加起来之和，从而产生1+1＞2的倍增效果。如果不能高效地协作，则很难达到1+1＞2的效果，甚至会产生1+1＜2的糟糕结果。

　　在一个大森林里，有一个蚂蚁聚居的地方，在那里住着数以亿计的蚂蚁。有一天，一条巨大的蟒蛇不小心把蚂蚁的"总部"给破坏了，结果就把蚂蚁们惹怒了。看到蟒蛇来"攻击"自己，蚁王在卫士们的护卫下来到外面，看到一条巨蟒正盘在峭壁上，用它又长又硬的尾巴用力地拍打着峭壁上的蚂蚁，来不及躲闪的蚂蚁大多都丢掉了性命。

　　蚁王连忙让军师想方法。聪明无比的军师马上想到了方法。只见他把所有正在四周工作的数亿只蚂蚁都迅速召集了起来，然后指挥这些蚂蚁立刻爬上周围的大树，命令它们抱成团，从树上倾泻下来，砸到巨蟒身上。

　　巨蟒很快就被大量的蚂蚁里三层外三层地裹住了，远远看过去，它仿佛是一条巨大的"黑蟒"。被数亿只蚂蚁裹住不可怕，可怕的是，这些蚂蚁正在用牙齿撕咬自己。如果是几只蚂蚁咬自己，可以不当一回事，但数亿只蚂蚁同时咬自己，那就太可怕了，因为这是致命的！巨蟒只好不停地摆动身子，试图一边抖掉身上的蚂蚁，一边想办法逃走。然而，巨蟒挣扎了一段时间后，动作就渐渐慢了下来，直到后来完全不能动弹。在数亿只蚂蚁的不断撕咬之下，巨蟒最后竟被咬死了！

这一条巨蟒足够这数亿只蚂蚁吃一年了，所以蚁王命令大家把巨蟒扛到"食物储藏处"。军师马上又下命令，让这数亿只蚂蚁一起来把巨蟒抬到"食物储藏处"。只见这数亿只蚂蚁不费什么力气就把巨蟒抬了起来。然而，巨蟒几乎没有往前移动，虽然每一只蚂蚁都很卖力，但这数亿只蚂蚁的行动却极不协调，原来，他们前进的方向并不一致，有的蚂蚁正在向左走，有的则在向右走；有的蚂蚁正在向前走，有的则正在向后退。结果，表面上看，巨蟒是正在挪动，其实却只是原地"摆动"。

军师发现了问题的根本后，马上想到了解决办法。只见他爬上了大树，然后大声地对抬巨蟒的蚂蚁们说："大家听清楚了，你们的目标只有一个，就是把巨蟒抬到'食物储藏处'！"统一了大家的目标后，军师又找来了两万只嗓门最高的蚂蚁，让他们站成两排，每排一万只，分立巨蟒两旁，然后整齐划一地大喊口号，并统一指挥前进的方向。效果是立竿见影的，只见蚂蚁们很快将巨蟒拖成了一条直线，然后数亿只蚂蚁都迈着整齐的步伐前进，很快便将巨蟒抬回了"食物储藏处"。

蚂蚁凭什么能够战胜凶猛强大的巨蟒，并将重量比自己重数万倍的巨蟒搬回家？它们靠的是高度团结，高效合作，让每个个体都尽力朝一个方向努力，从而产生了 1+1 > 2 的效果。

在职场里，我们有些人要么是在工作中不团结，要么是在团队里当着滥竽充数的南郭先生，要么就是个人的努力偏离了团队发展的方向，于是，都造成了 1+1 < 2 的很差的结果。

如果你想在职场里工作高效，处处有助力，时时有帮手，就一定要善于合作，懂得和团队成员们一起，产生 1+1 > 2 甚至更好的效果。当你能够和同事们一起把团队的威力发挥到最大时，任何困难都能轻易被你们解决，一切敌人在你们面前都只是纸老虎。

既有能当杰出主角的实力，又有能当出色配角的心态

无论是演电影、电视剧还是话剧，没有哪个演员内心深处是不渴望演主角的，只不过现实能不能让其成为主角，又是另外一回事。在生活和工作中其实也如此。试想，在生活中，又有谁不想当主角呢？在职场里，又有谁不想同事们甚至领导们以自己为核心，围绕着自己去工作呢？谁不想当企业里的明星员工呢？

然而，任何一部戏里主角往往只能有一个，戏份最多的只能有一个，因为如果人人都是主角的话，这部戏就演不下去了。在职场里也一样，即使你是再优秀的人，也不可能总会以主角的身份出现。再卓越的人物，只要团队需要，就要有既能当杰出主角的能力，又要有能当出色配角的心态。

曾任中国女排主教练的陈忠和，在中国体育界无人不知，无人不晓。之所以会如此知名，是因为他带领着曾经低迷的中国女排重新崛起，又一次回到了世界女排的巅峰。熟知陈忠和的人都知道，他个人的排球职业生涯并不辉煌，因为他并没有机会以排球运动员的身份进入国家队。当年，当他正在为能进入国家队而努力时，却被中国女排国家队选为陪练，成为一名"幕后英雄"。

1979年，时任中国女排主教练的袁伟民为了更好地备战第三届女排世界杯赛，在训练方面采用了选用男队员陪练、强化女排能力的方法。经过苛刻的选拔，福建男排队员陈忠和被选中。个人排球技术五项俱佳的陈忠

和,却要给女排担任陪练,要是换成一般人,可能无法接受,毕竟,就算自己做得再好,最多也不过是一个谁也不知道的幕后英雄。但为了中国女排能取得优异的国际大赛成绩,陈忠和甘愿牺牲个人的前途,一心一意当起了"配角"。

当时的主教练袁伟民对中国女排姑娘们的要求是非常严格的,不但训练强度大,训练难度也很高,在完不成训练任务时,相关的队员就要受到惩罚。有时候,有些女排姑娘受不了了,但又不能对主教练发脾气,就只好将心中的不满发泄到陈忠和那里。不过,无论女排姑娘们怎样对待自己,陈忠和都只是一笑了之,毫不计较。

为了能让女排姑娘在训练时更有针对性,作为陪练的他,会想方设法让自己实力更强,做得更好。为了熟悉中国女排的对手们的打法,陈忠和每天晚上都会看比赛录像,仔细琢磨,包括对手的扣球线路、过网高度、扣球力度,等等。

要模仿好国外女排队员的打法,难度自然很大,要知道,每个队的打法都是不一样的。不过陈忠和不畏艰难,而是通过每天的不断模仿,自己不但掌握了很多外国国家队主力队员的起跳幅度和节奏,甚至连那些假想敌的表情都模仿得惟妙惟肖。

他的努力有目共睹,凭借着自己出色的陪练表现,他对中国女排的训练帮助非常大。在当陪练的岁月里,他自己的成长也是飞速的。可以说,陈忠和在成就中国女排的同时,也成就了自己。如果没有当年心甘情愿地当"配角"的经历,就不可能有后来出任中国女排主教练,再次成为"主角"的机会。

陈忠和的这段经历启示我们,在职场中,当我们必须要去当"配角"时,就努力地成为一名出色的"配角"。如果你能利用当配角的这段时间,想方设法地尽可能提升自己,那么你一定会有当"主角"的机会。如果你拥有成为一名杰出的主角的实力,那么当"主角"的机会一来,你就一定能大放异彩,功成名就。

第四章 融入团队
公司推崇团队精神，我善于合作

无数事实证明，有当主角的能力，又有能当配角的心态，这样的人到哪里都会有好的发展。很多时候，越是想当"主角"却越当不了"主角"，反而是先心甘情愿去当"配角"的人，后来都拥有了当"主角"的机会，并让自己成功了。在任何团队里，大家都会喜欢处处以团队利益为重、甘愿当"配角"的人。

韩庚曾是亚洲著名演唱组合 Super Junior 的成员之一，并一度担任过队长。这个团体曾经拿下过韩国乃至亚洲唱片界的多个重量级大奖。能取得这些成就，团体里最出色的舞者韩庚功不可没。

初到韩国时，由于不了解韩国国内的签约程序（外国人到韩国工作只能签两到三个电视台），所以韩庚在一次演出前被查了这方面的问题。但接下来要进行的表演里，整个舞蹈缺了他还真是不行。如果缺了他，整个队形都要重新排列，舞蹈的动作也要更换……然而这时候时间已经很紧迫，要进行这样的大幅度调整，根本不可能。

这时，韩庚主动找到了经纪人，和他商量，自己可以戴着面具上台进行舞蹈表演。然而业内人士都知道，戴着面具跳舞会很不舒服。更重要的是，无论你跳得有多么出色，观众们也根本不会知道你是谁。不过韩庚却认为，为了整个演出的顺利进行，牺牲一下自己，让自己当一次没有人知道的"配角"也没什么的。他的选择让经纪人长舒了一口气，团体的其他成员也都为他鼓起了掌，给他加油。

由于没时间找新面具，韩庚只能戴着一个气味浓得让人窒息的面具，坚持和大家一起完成了整个演出。虽然牺牲了自我，甘当了配角，但韩庚的做法却获得了所有人的认同，为他日后在团队中获得更好的发展奠定了坚实的基础。

在需要自己当配角的时候，能够心甘情愿地努力做好一个配角应该做的事，其实也是在为自己未来当好一名主角打好基础。只要你能认真对待每一次当配角的经历，那么你在当主角时一定能做得更出色，成就也会更耀眼。

会与团队成员融洽相处,更容易借到力

来到新公司上班后,宏达在刚开始的一个多月时间里,每天都对工作很卖力,逢人就笑脸相迎,和每个人打交道时都比较小心谨慎,而同事们对他也很友善,并没有谁找他麻烦刁难他。

快入职两个月了,他和同事们的关系相处得比较融洽了。这时候他以为自己已经完全融入团队里了,于是说话就不再小心谨慎,反而变得口无遮拦,结果就给自己惹来了很多不必要的麻烦。有一天,他和一位聊得挺投机的同事说了几位同事不好的话。

没想到这位同事是一个爱搬弄是非、到处传播小道消息的人,现在有了宏达批评同事们的"独家秘密",这个同事不可能放过如此好的"机会"。于是,宏达批评那些同事不好的话,被这个同事添油加醋地传到了每一个当事人的耳朵里!

宏达在公司里的处境立刻变得很尴尬,甚至狼狈。宏达最不想见到的局面出现了,那几个被他背地里批评过的同事,串联了公司里其他所有的同事,把宏达完全孤立了起来,让他在公司里几乎没有了立足之地!当他工作遇到难处,想找谁帮忙,没有人愿意帮助他,更别说借力了,即使是他想帮谁的忙,那个人也不会接受。

宏达后悔不迭,恨自己不应该因为一时冲动,在一个自己还不怎么了解的人面前说了太多不应该说的话。很快,他主动辞职,带着深刻的教训离开了这家公司。宏达的遭遇警醒了职场中的我们,一定要学会和团队里

的所有成员融洽相处，不要搬弄是非。无论是当面还是背后都切勿乱说同事们的坏话，一定要学会"假话全不说，真话不全说"，懂得"说多错多"的道理。

除了说话、沟通方面要注意外，在做事上也要学会与同事们团结合作。总之，学会和团队成员、同事和谐融洽地相处，这样你才能为自己创造一个让自己心情舒畅的工作环境，同时让自己更容易向同事们借力，寻求帮助。具体来说，怎样实践好与同事们融洽相处这门学问呢？

首先，远离流言蜚语。

在有些办公室里，经常会传出各种各样的流言蜚语。但你要切记，流言蜚语是职场中的"软刀子"，是一种杀伤性和破坏性很强的"武器"，很容易对受害人造成心理伤害。要是你非常热衷于传播一些挑拨离间的流言，至少你不要指望其他同事会爱听。经常搬弄是非，会让公司里的其他同事对你产生一种避之唯恐不及的感觉。要是到了这种地步，你在这个公司里的日子也就不太好过了，因为到那时已经没有同事把你的话当一回事了。所以，一定要远离那些流言蜚语，绝不传播流言蜚语。

第二，在适当的时候，积极地称赞你的同事。

要想你的同事们喜欢你，你一定要具备最起码的说话能力。比如，你一定要学会在合适的时候，赞美你的同事。当你能够真诚地、掌握分寸地赞美你的同事，就一定会赢得越来越多同事对你的喜爱和助力。

第三，在同事面前少抱怨，不发牢骚。

有些人无论在什么环境里都总是很容易发怒，满腹牢骚，习惯逢人便大倒苦水。尽管偶尔一些推心置腹的倾诉可以缓解你的心情，不过像祥林嫂般唠叨不停的人，很容易让周围的同事苦不堪言。也许你自己把发牢骚、倒苦水看作是与同事们真心交流的一种方式，但过度的牢骚与怨言，只会让同事们对你越来越讨厌。

第四，学会站在同事们的立场去考虑问题。

要搞好同事关系，就要学会从同事的立场去考虑问题。当你能处处替同事着想后，你会越来越受同事们的欢迎。在工作过程中，我们经常与同事们合作。在取得成绩之后，我们要学会与同事们共同分享功劳，切忌处处表现自己，将大家的成果占为己有。要懂得给同事机会，要能帮助同事实现其工作目标。替同事着想，最好表现在当同事遭到困难、挫折时，在这种时候，你若能伸出援助之手，给予帮助，那么以后你需要对方帮助时，对方会全力以赴地帮助你。切记，良好的人际关系是双向互利的。

第五，低调处理与同事之间的纠纷。

在职场待久了，与同事产生一些小矛盾，这是在所难免的事情。如何处理这些矛盾呢？这需要一定的技巧。这个时候，你要注意方式方法，尽量不要让你们之间的矛盾公开激化，不要表现出盛气凌人的样子，非要和同事做一个了断、分出个胜负。退一步来说，即使你有理，但要是得理不饶人，同事也会对你敬而远之，觉得你是个不留余地、不给他人面子的人，以后也会在心中时刻提防着你。于是，你失去了一大批同事的支持。可怕的是，有的同事被你攻击后落于下风，也许会对你怀恨在心，于是你的职业生涯从此多了一个"敌人"。

第六，和同事光明正大地公平竞争。

面对晋升、加薪的机会时，应抛开杂念，不要手段，不玩诡计，光明正大地与同事公平竞争。不要将办公室里的地位和利益竞争表现得过于赤裸，那样会招来无关同事的反感，影响你的形象，也会给你的职场竞争带来不利。真正明智的职场竞争应该是厚积薄发，暗里用功，那样才不至于与同事在面子上搞得太僵。面对强于自己的竞争对手，要有正确的心态；面对弱于自己的同事，也不要张狂自负。如果与同事意见有分歧，则完全可以讨论，但不要争吵，应该学会用无可辩驳的事实和正确的观点理论，去让对方信服。

培养一种"公司高于自己"的精神

老板最不想聘用什么样的员工呢?相信这样一群人必定会名列其中:做事永远只想到自己的好处与利益,目光短浅;没有大局观,从来不考虑公司的利益。相反,一个将公司利益置于第一位的员工,能给公司一种强烈的信任感,让公司乐于重用。当这名员工赢得公司的信任和重用后,自己的职业生涯必定会发展得更好。

德国哲学家黑格尔曾说过这样一句非常深刻的话:"譬如一只手,如果从身体上割下来,名虽可叫作手,实已不是手了。"这句话告诉我们,部分脱离了整体,就已经不能保持其属性了。员工与企业的关系犹如手和身体,不能只看到自己,而应站在更高的角度,去关心企业的发展,要有统观全局、服从全局的先进思想,要学会将企业的利益放在第一位,培养一种"公司高于自己"的精神。

受公司倚重的员工,无一例外是以公司利益为重、懂得把公司的需求放在第一位、认为"公司高于自己"的员工。然而有些人却往往颠倒过来,把个人的利益、需求摆在前面,把公司的利益、需求放在最后面。

还处在试用期的陈奇,在一家公司从事网络维护和电脑维修的工作。周末来了,陈奇正在家休息,这时公司业务部经理给他打电话,让他以最快的速度赶到公司。原来,公司的业务人员为了赶业绩,周末也来加班了。没想到,公司的网络出了问题,需要陈奇赶紧来帮忙修好。

没想到陈奇听了之后，很不情愿地在电话里说，自己今天身体很不舒服，去不了。其实他身体好好的，只是觉得好不容易到了周末，就该好好休息，凭什么还要去给公司加班啊？而且他认为，公司里负责电脑维修的又不是只有他一个，自己不去，别人也可以去啊。所以他就很干脆地找了个借口，拒绝去公司修网。

业务部经理很生气，但也无可奈何。只好打电话给另一个能维修网络的同事，让他来公司帮忙修一下网。而那个同事从住的地方出发，即使坐公共汽车，也要半小时才能赶到公司，而陈奇即使是走路到公司，也就二十来分钟；如果坐公共汽车来，不到十分钟。

业务部经理对陈奇的表现很失望，认为他身体再不舒服，也能来公司帮忙修一下网。于是他便把这件事向老板汇报了。老板原本看陈奇能力不错，还想给他转正呢，但这件事让老板打消了这个念头。很快，另一位同事得到了转正的名额。

陈奇的表现，是典型的"个人高于公司"的行为。站在他个人的角度，也不算错，只是站在职业发展的角度，确实是对自己的发展很不利。

真正对自己职业发展之路负责的员工，都会让自己拥有一种"公司高于自己"的精神。换言之，只要公司需要，只要工作需要，只要有利于自己职业前途的发展，哪怕没兴趣也要去学习，也要去行动。SOHO（房地产开发公司名）中国有限公司董事长潘石屹曾经谈到过他的一段经历。

多年以前，大学毕业后的潘石屹被分配到了河北省廊坊市的某局工作。在工作中，他发现单位领导经常需要在各种场合汇报工作，而汇报的过程需要用大量数据来说明问题。但领导常常记不清楚那么多的数据。

潘石屹其实对枯燥的数字、数据也很不喜欢。但是，他觉得既然掌握数字、数据如此重要，就开始将各种数字、数据背得滚瓜烂熟，连小数点后面好几位的数字都记得清清楚楚。当领导需要什么方面的数据时，他总能马上脱口而出。于是，科长、处长、局长都逐渐开始重用他，去到哪里都会带着他，于是他获得了更多的锻炼自己的机会，为日后成功打下了坚实的基础。

培养一种"公司高于自己"的精神，公司最需要什么自己就努力具备什么，当你这样去做以后，往往会有很多意想不到的机会和收获。

有个年轻人在大学毕业后便到一家出版社担任编辑。由于文笔好、工作认真，年轻人得到了出版社里同事们的一致认可。但这家出版社新入职的职员薪水都很低，让他们最不满的是，薪水不但低还一直不涨。这位年轻人的薪水也低，但他从不抱怨，而是只顾着埋头干好自己的工作。

出版社要出版一套主题图书，所有编辑都是满负荷地工作，大家都忙得不可开交。没想到出版社领导不仅没有增加人手，还让编辑部的人经常去发行部帮忙。这样一来，不但新员工对此很不满，老员工也开始大发牢骚，连连抱怨。后来，员工们都各自找借口拒绝去发行部帮忙。结果，整个编辑部只有这位年轻人愿意接受领导的安排，去发行部帮忙。

同事们对此很不理解。年轻人却认为，身为出版社的一员，当社里任何地方急需用人之时，自己能帮得上忙，就努力帮一下。就这样，在既做好分内事又做好分外事的日子里，他在这家出版社工作了好长时间。

后来，出版社发展得越来越好，年轻人的待遇也变得越来越高。又过了两年，他不但成为出版编辑室的负责人，薪水还比刚入职时上涨了二十倍。而那些和他同时入职的员工，如今有的已经跳槽了好几次，换了好多家工作单位；有的已经转了行，但过得并不好；有的则在别的出版机构上着班，但照样每个月领着较低的薪水。这位年轻人通过自己的努力，后来成为美国纽约著名的出版家。

能够主动培养一种"公司高于自己"精神的员工，能够和公司共同发展甚至把公司的发展放在第一位的员工；能够将公司的利益置于首位的员工，任何公司、企业都会重用，把最好的机会提供给这样的员工。所以，这样的员工往往是最容易获得成功的，并且最容易获得巨大的成功。

第五章

能解难题

公司要有人解困厄，
我是"难题终结者"

Solve the problem

越能解决难题，越有好前程

有一天，某地发生了一个大事件。某报社采编部的白主任马上让新来的记者罗清前去采访，写几篇报道，并拍一些现场照片回来。没想到，罗清去了整整三天，愣是没发回来一篇报道，照片也没发回来一张。

第四天，罗清回来了，白主任放心下来，至少人没出意外。但他马上又很生气地问罗清："罗清，发生什么事了？怎么一篇新闻稿都没发回来？"罗清回答道："新闻稿我写了，但采访的地方太偏僻了，手机没信号，附近又没有网吧，我根本就没办法发送过来。"

白主任强忍着怒火又问他："照片呢？"罗清说照片拍了两张，但效果不好，因为他自己的相机没电了。白主任终于忍不住了，很生气地问他："你是读新闻专业的，不知道新闻最讲究的是时效性吗？事件发生了之后，你过了四天才把新闻稿给我，还有什么用？都已经成为旧闻了！照片也没拍回来，等于你这次出差，是白去了。"

罗清辩解道："这也不能怪我啊！那个地方，鸟不拉屎的，手机没信号，附近又没有网吧，我能怎么办？相机没电了，我也没办法啊。"

白主任反问他："没有网吧，难道就没有别的地方可以上网吗？去采访的恐怕也不止咱们一家媒体吧，别人为什么能把报道及时发回来，报道出来，你为什么却不行？再说了，即使相机没有电了，也完全可以借同行的相机来用一下啊。这些问题根本就不算是什么难题，只要主动找方法，很容易就能解决的！怎么到了你这里，却成了解决不了的难题啦？"

第五章　能解难题
公司要有人解困厄，我是"难题终结者"

　　罗清听了白主任的话后，惭愧得低下了头。从此他以这件事为戒，无论遇到什么问题，都开始努力想办法去解决。在职场里，如果一名员工遇到什么问题，都不主动去解决，反而怨天尤人，或者找各种各样借口去逃避责任，若不及时改正，就一定会被用人单位淘汰。

　　如果一名员工不去抱怨，只想着如何把本职工作做好，把遇到的任何问题都努力解决掉，那么他很快会在职场里脱颖而出。无数事实证明，在职场里，不找借口找方法，越积极解决难题的人，越有好的前程。

　　迈克尔在美国一家中等规模的食品公司里工作了三年多，由于他工作努力，业绩不错，从最开始的一名普通业务员成了如今的销售主管。公司的产品其实很不错，但知名度却很有限，在他所在的市里还算知名，在整个州里却没有什么名气。现在公司面临最大的难题，就是如何打开知名度，让产品成为州内甚至全美的知名品牌。花费大量金钱去做广告，对于这样一家公司来说，还尚有难度。

　　有一次迈克尔到国外出差，居然遇到了劫机事件。在经历了惊心动魄的十个小时之后，他们顺利得到营救。就在要走出机舱的那一瞬间，迈克尔突然想到在电影中经常看到的情景：当被劫机的人从机舱走出来时，总会有不少记者前来采访。

　　为什么自己不利用这个机会宣传一下自己的公司和产品呢？于是，迈克尔马上做了一个在那种情况下谁也想不到的举动：只见他从箱里找出了一张大纸牌，在上面写了一行大大的句子："我是XX公司的XX，我和公司的XX牌食品安然无恙，非常感谢救了我们的人！"

　　他拿着这样的大纸牌举着，走出了机舱。这时，一大群记者围了过来，一堆摄像机的镜头迅速捕捉到了迈克尔的大纸牌。于是，他立刻成了这次劫机事件里的"明星"，很多家新闻媒体都对他进行了采访报道。

　　等他回到公司的时候，公司的董事长和总经理带着所有的中层主管，都站在门口夹道欢迎他的归来。原来，他在机场别出心裁的做法，使得公司和产品的名字几乎在一瞬间便家喻户晓了。公司业务部的电话都快被打爆了，客户的订单那是一个接一个。拥抱完迈克尔后，董事长动情地说："没想到你在那样的情况下，首先想到的竟然是公司和产品。毫无疑问，你是最优秀的业务主管！"董事长当场宣读了对迈克尔的任命书，任命他为主管营销和公关的副总经理。同时，奖励给了他一笔丰厚的奖金。

迈克尔为公司成功解决了知名度的难题，获得了很好的回报。这告诉我们，在职场里，只要你能够主动为公司找方法解决难题，你就很容易脱颖而出，前途也会更好。

主动找方法解决难题的人，总是职场里的稀有资源。无论是在国内还是国外的职场，这样的人只要出现，就能像明星一样闪耀。哪怕他们没有刻意去追求机会，机会也会主动找上门来。

怕，就"绝不可能"；敢，就"绝对可能"

从某个角度来说，工作就是解决问题。如果你能解决一般的问题，你就能在职场里拥有一份普通的工作，拿到基本的薪水；如果你能解决大多数人都解决不了的难题，你就能领到一份比大多数人都要多得多的薪水。如果你想领到高薪，就请你成为善于解决难题的人，而不是只能解决普通问题的人。因为普通问题大多数人都能解决，但大多数人都解决不了难题。

为什么很多职场中人解决不了难题呢？有时候并不是能力问题，而是态度和勇气的问题。很多时候我们会发现，当你对困难产生恐惧时，就会认为困难"绝不可能"被解决；然而，当你全力以赴、想方设法时，再难的问题都"绝对可能"被解决。很多时候，因为你觉得"绝不可能"而不敢去尝试，才会觉得难题无解。如果你勇于尝试，懂得变通，最终却能把很难的问题解决掉。

曾一度热播的韩国电视连续剧《大长今》里有这样一段剧情：有一味中药叫百本（即黄芪），有着很好的药效，所以，几乎所有的汤药之中，太医都要往里面加入百本。早在朝鲜燕山君时代，百本的种子就已被人带回了朝鲜。然而，在此后的二十年时间里，很多人用尽了各种方法去栽培百本，但一直都没能培育成功。于是大家越来越认为，在朝鲜想成功种植出百本，那是绝不可能的事。

但是长今偏不信这个邪，她下定决心一定要将百本种植成功。在长今看来，世界上没有"绝不可能"的事。说干就干，长今找了一块好地，挖开一条垄沟，撒下了一批百本种子。她给种子浇完水后，等了好几天也没有等到种子发芽的迹象。又过了好几天，她看到种子还是没发芽，便刨了几颗出来，一看，全都腐烂了！

采用撒播的方式失败后，长今又尝试了条播、点播。播种以后，她试过放任不管，也试过轻轻盖上一层土，还试过埋得深一点儿。她试过浇少量水，也试过水分充足，甚至试过连续几天停止浇水。植物肥料试过了，动物肥料也试过了，她甚至还往里面浇过自己的尿。然而，各种各样的尝试，都以失败告终。

眼看着无论自己怎么尝试，百本的种子就是不肯发芽，她开始翻阅所有关于百本特性与百本种植方面的书。在书籍记载的前人经验那里，她获得了很多启发，于是她再度尝试种植百本。只见她在两条沟垄之间条播，轻轻地覆盖泥土，撒上肥料。就这样，经过一次又一次尝试，她终于将百本成功地种植了出来，把"绝不可能"变成了"绝对可能"。

很多时候，"绝不可能"其实是我们给自己设下的一个强大到看起来不可战胜的假想敌。殊不知，当你鼓起勇气去不断尝试解决难题时，难题其实远没有你想象中那么难。清代文学家彭端淑说得好："天下事有难易乎？为之，则难者亦易矣；不为，则易者亦难矣。""绝不可能"与"绝对可能"的区别，只不过是做与不做的区别而已！

无论在工作还是生活中，你都能发现一个现象：越是畏难，事情就会越难。其实，你静下心来仔细分析，很容易就能明白，并不是事情本身有多难，而是你被"难"的念头吓坏了，认为事情"绝不可能"办到，以至于哪怕往前挪一小步都觉得要耗费九牛二虎之力。但当你去掉"畏难"情绪时，你会发现，事情"绝对可能"办到，并没什么大不了，甚至真做起来后，你突然发现，一点儿也不难啊。

丁晟至今还记得大学四年级临毕业时，自己到一家公司实习的一段经

第五章 能解难题

公司要有人解困厄，我是"难题终结者"

历。临近毕业时，按照学校的规定，丁晟需要找一家公司实习，实习完了还要给学校交一份实习工作报告。刚开始时，丁晟以为实习单位非常好找，然而他奔波了一个多月，遭到好多次拒绝后，才找到了一份推销节能电灯泡的实习工作。

一直在大学校园里读书的丁晟，从来就没有过推销的经历，但为了完成实习报告，他也只好硬着头皮去干这份工作。刚开始丁晟就畏难了，觉得这份工作实在难做，认为这种灯泡虽然是节能灯，但比普通灯泡的价格要高出十倍以上，自己"绝不可能"卖得出去。他准备混混日子，把实习期耗满，拿到实习单位给自己盖章的实习报告，就走人。

丁晟心里想的这点小九九在他上班的第一天就被市场部经理看了出来。市场部经理对他说："小丁，我给你最好的建议，就是尽可能'干一行，爱一行'，能'在其位，谋其职'。其实，事情真没有你想象中那样难，只要你肯主动去做，勇于尝试，就一定会有业绩。"

丁晟听了经理的话后，深受教育，于是他开始研究灯泡的型号，背熟产品的特点、价格等，然后把推销的话讲给同事们听，让大家帮忙他改进。

过了几天，在下班回家途中，丁晟发现有一栋六层大楼正在装修。他突然想，既然在装修，就一定用得着灯泡，说不定这是一次把节能灯泡推销出去的好机会。第二天，他抱着试试看的态度跑到大楼那里，和工人们聊起了天。很快，他便了解到正在装修的是一家财会培训学校。回去之后，他马上开始查找这家学校的电话，然后联系相关负责人。

经过努力，丁晟找到了校长。校长对节能型灯泡表现出了极大的兴趣，他很容易就能算明白，用普通灯泡与用节能灯泡，这栋大楼一年的电费可以省多少钱。接下来，丁晟和校长又见面沟通了几次，最后，校长把装修大楼所需灯泡的订单给了丁晟。

实习期结束时，丁晟拿着销售提成，回到了学校。过了一段时间，他成功地进入了一家大型国企上班。但这段实习经历，丁晟恐怕一辈子都不会忘记。

丁晟的这段实习经历告诉我们，当你敢于去做时，你很容易就能发现，事情并不是很难。你想方设法去做了后，你甚至比很多老员工都做得要好。

其实，我们每个人都被机会包围着，但是机会只在它们被看见时才存在，而且机会只有在寻找时才会被看见。《六顶思考帽》的作者、心理学家爱德华·德·波诺说得好："机会，只有主动进取的人才最容易找到。他们不会被动等待机会上门，而总是主动探寻。"

在工作中，从来就不曾有推不倒的大山、啃不动的骨头，关键在于你是否去推了，是否去啃了，是否用对了方法。

那些下定决心为难题寻找解决方法的人，总是能找到方法；那些为自己努力寻找出道路的人，总是能找到机会；即使找不到机会，他们也会创造出机会，因为他们总是勇敢地去探索、尝试。所以，他们总能把"绝不可能"转变为"绝对可能"。

第五章 能解难题
公司要有人解困厄，我是"难题终结者"

做"问题猎手"：第一时间察觉问题并妥善解决

有一位著名的企业培训师说过："人与问题的关系，类似于猎手与猎物的关系。要么人是猎手，问题是猎物；要么人是猎物，问题是猎手。在这一对关系里，不是你消灭问题，就是问题消灭你。"那么，你是要成为被问题"猎杀"的"猎物"，还是当一名很善于"捕捉"问题的优秀的"问题猎手"呢？显然，正常人都会选择做一名优秀的"问题猎手"。怎样才能成为一名出色的"问题猎手"？我们不妨先看看下面这个故事。

日本剑道大师冢原卜传有三个儿子，都在向他学习剑道。有一天，他想了解一下自己的三个儿子对剑道的领悟程度，于是便搞了一个小测试。他在自己的房间门口的门帘上放置了一个小枕头，只要有人进门时稍微碰到门帘，枕头就会正好落在头上。他想用这个测试来检验一下三个儿子的反应。

大儿子来到门口时，马上就发现了门帘上的小枕头。他将它先取了下来，进门之后又把它放回了原处。二儿子进来的时候并没能马上发现小枕头，当他碰到门帘时，枕头便落了下来。不过他迅速便把它抓住了。进来后，他又轻轻把小枕头放回了原处。三儿子进门时也没能第一时间发现小枕头。当他碰到门帘时，小枕头便向他砸下来。这时，他居然挥剑砍去，在小枕头将要落地之时，将其斩为两截。

这个小测试就这样结束了。冢原卜传的心里也有了对三个儿子的深刻了解和评判。他认为大儿子已经完全掌握了剑道，然后给了他一把剑；他给二儿子的最大建议是，继续苦练；最后，他把三儿子狠狠责骂了一顿，认为三儿子这样做是他们家族的耻辱。

冢原卜传做这个小测试的用意是什么呢？他是用什么原则来给自己的三个儿子进行评价的呢？他的用意是要观察三个儿子面对同一问题时的反应和处理方式，评价标准就是三个儿子对问题的觉察程度和处理问题的方式。

大儿子能敏锐地觉察到可能会发生的问题，然后将问题消灭在了其萌芽的状态；二儿子虽然没能在问题发生前就觉察到问题，但当问题发生时，他能够处理得当；三儿子不但没能觉察到可能要发生的问题，当问题产生时，他还采取了错误的方法去处理问题，结果问题没能很好地解决，自己还制造了新的问题。

这启示职场里的我们，要成为一名优秀的"问题猎手"，就一定要在问题快要发生时，便能在第一时间把问题察觉出来，然后用比较稳妥的方式去把问题解决好。在职场里，我们每天都会遇到或大或小的问题，有些问题会得到每个人的重视，有些问题却几乎没有人会在意。然而，很多时候，正是那些人们刚开始毫不在意的小问题，后来发展成为大问题。所以，一旦发现了问题的苗头，就千万不要放过，哪怕这一苗头是何等不引人注意，甚至何等荒诞。

美国通用汽车公司黑海汽车制造厂负责人，曾收到过一封客户对汽车的抱怨信。信的内容乍看起来十分荒诞。客户在信里说，自己最近买了一辆新的黑海牌车，然后开着去商店买冰激凌吃。没想到，自己却遇到了一个怪异现象：每次买完香草冰激凌回家，汽车就发动不了，而买其他口味的冰激凌，则没有任何问题。他想问一问黑海汽车制造厂，这辆车究竟有什么问题。

制造厂的负责人对这封来信的内容不太相信，但还是派了一个工程师前去查看。工程师接到任务后，马上去调查。结果他发现，经过连续几天的试验后,客户反映的问题真的存在。

难道是车子对香草冰激凌过敏吗?工程师当然不会相信这个荒谬的原因。于是他从多方面探究这两者之间到底有什么"神秘关系"。他每次试验都会将各种数据记录下来,像日期、所用的汽油类型、汽车往返的时间等。

功夫不负有心人。几天之后,他终于找到了解决问题的突破口:车主买香草冰激凌所花的时间,比买其他冰激凌花的时间要短。为什么会这样?因为香草冰激凌很受当地民众的喜欢,所以被摆在冰柜里最容易被拿到的位置,而其他冰激凌则都摆在了冰柜里不容易拿到的位置。容易拿到的冰激凌买的时候自然花的时间会短一些。于是,工程师最终找到了问题的症结所在:车子停的时间太短,所以发动不了。

出现这种状况的原因是汽锁问题:当车主买完香草冰激凌时,汽车引擎还很热,会产生蒸汽锁现象,因而汽车起动不了。而买其他冰激凌所需时间长,可使汽车充分地冷却以便起动。

对于这一问题,通用汽车公司黑海制造厂非常重视。他们不但将这一辆车修好了,还对其他类型的车进行了改善。这一解决"香草冰激凌导致汽车发动不了"的传奇事件,成为通用公司享誉汽车市场的一大美谈。

爱因斯坦说过:"提出一个问题往往比解决一个问题重要,因为解决一个问题也许只是数学上的或实验上的技能而已。而提出一个新的问题、新的可能性,从新的角度去看旧的问题,却需要有创造性的想象力,而且标志着科学的真正进步。"

在职场中,要成为一名解决难题的高手,就一定要让自己成为一个出色的"问题猎手"。要做好一名"问题猎手",在第一时间察觉问题并妥善解决尤为重要。而当别人向你提出了一些你意想不到的问题时,无论初听时觉得多么不可能,也一定要重视起来,然后把问题解决在萌芽状态。不断这样做,你一定会成为一名实力越来越强的"问题猎手"。

抓住要点与根本，难题迎刃而解

我们在解决任何问题的时候，都不能瞎干、乱干、蛮干，而应该想方设法去发现问题的关键所在。当我们抓住了问题的根本所在、关键要点，然后"对症下药"，再难的问题都可以迎刃而解。

曾听有人说过这样一个小故事。有一位培训师在课堂上让一位学员给他提供几把钥匙，学员把自己的一圈钥匙都递给了培训师。然后培训师从里面随便抽出了一把钥匙，问这位学员："这是什么地方的钥匙？"学员回答道："家里大门的钥匙。"培训师问："这把钥匙能用来开你的汽车吗？""当然不行。"

"是的，肯定不行。为什么不能用开家里大门的钥匙去开汽车的车门？因为不匹配，不'对症下药'。只有用正确的钥匙去开门，才能把门打开。错误的钥匙，必然解决不了问题。这启示我们，很多时候我们解决不了问题，关键原因不在'钥匙'身上，而是我们选择的方法有问题，我们没能发现问题的关键要点与根本所在。只要你能抓住问题的要点与根本，问题就能迎刃而解，就像正确的钥匙打开正确的锁一样。"

著名的杰弗逊纪念大厦位于美国华盛顿广场，由于年深日久，大厦外面的墙面已经出现了裂纹。为了能保护好这栋大厦，政府找来了几位相关专家，对这个问题进行了专门的研讨。刚开始时，专家们都认为损害建筑物表面的元凶是近年来很容易对建筑物造成侵蚀的酸雨。但进一步调研大家却发现，对这栋建筑产生了酸蚀作用的，是每天冲洗墙壁的水里所含的

第五章 能解难题
公司要有人解困厄，我是"难题终结者"

清洁剂。

这栋大厦为什么每天都要冲洗墙壁呢？因为墙壁上经常会堆积起大量的鸟粪。每天都会产生的鸟粪来自哪里呢？来自聚集在大厦周围的燕子。这些燕子为什么如此喜欢聚集在这里呢？原来，这栋大厦的墙上有很多燕子很爱吃的蜘蛛。蜘蛛又为什么爱在这里待着呢？因为大厦的四周有蜘蛛很爱吃的飞虫。为什么大厦周围会有这么多飞虫？因为飞虫在这里繁殖得特别快！飞虫繁殖得特别快，是因为这里的尘埃特别适合飞虫的繁殖。造成这里成为最适宜飞虫繁殖的环境的主要原因，是当大厦开着窗时，这里阳光充足。

问题的根本找到了，难题便迎刃而解。解决的方法也很简单，只要拉上整座大厦的窗帘即可。

如果找不出问题的根本所在，抓不到问题的要点，就不可能把问题真正解决掉。而一旦抓住了问题的要点与根本，再棘手的难题也能迎刃而解，用很简单的方法去解决掉。

在职场中，很多人遇到问题时都容易慌乱，在难题面前束手无策。但也有一些人，无论遇到再难的问题，都懂得以最快的速度，抓住问题的要点、关键所在，并采取相应的解决方法，于是，在别人那里是很困难的事，在这类人手里却会被轻松解决。

日本和大多数发达国家一样，保险公司林立，竞争异常激烈。为了把保险卖出去，保险业务员们可谓是使出了浑身解数。在日本的成千上万个保险业务员里，有一个人在说服客户购买他的人寿保险时，成功率要远比同行们高。这个业务员叫桂木一郎。为什么他会比同行们更成功？原来，他总会随身带着一个录着有趣对话的录音机，然后在说服客户的时候，总会对着客户播放一段录音。

这段录音是两个人的对话。一个人把自己当成是"死者"，另一个人则把自己当成是"阎王"。只听到"死者"说："我生前总是做有利于他人的好事，一心向善，死后应该升上极乐天堂啊，为什么会把我发配到地狱来呢？""阎王"说："你死了，遗嘱却成了问题，所以，你没有资格上天堂噢。"

"死者"很不解："我不是自杀的啊，我死于意外，责任不在于我。"

"阎王"说："如果你生前买了意外死亡的人寿保险，现在你的家属就不用忍受穷苦的日子了。所以，你相当于是间接害了你的家里人啊。造成了这么严重的后果，你还想着上天堂吗？"

"死者"叹了口气，说："看来我上不了天堂，完全是我自己造成的啊。我一定要托梦给我的亲人、朋友，让他们都不要忘了买人寿保险啊！"

这段短短几分钟的对话，却总是在客户的内心产生很大的震撼作用。凡是听过这段录音的客户，大多数都购买了桂木一郎的人寿保险。

有朋友向桂木一郎请教，为什么这样一段对话，能够让原来不想投保的客户，后来都迅速投保了呢？桂木一郎解释道，因为自己抓住了人的天性。如果自己某天突然遭到意外去世了，自己的家人怎么办？这样的问题，如果没有人提醒，又或者没有真正面临的时候，几乎没有人会想得到。但当这个问题被引起了足够的重视时，任何人都会觉得重要了。当人们愿意为此早做打算，哪怕自己万一哪天出了意外也可以了无牵挂，基本上每个人都会购买一份这样的保险。

桂木一郎总能成功地把自己的人寿保险推销出去，是因为他抓住了人性的弱点，发现了问题的根本，然后抓住了人们为什么会买人寿保险的关键。当他根据问题的根本出发，用正确的方法去与客户打交道时，成功就是自然而然的事。

在工作中，没有人不希望自己能最快速、最有效地解决问题。然而，真正能做到这一点的，只是少数人，大多数人都做不到。为什么会这样呢？原因有很多，而是否懂得发现问题的根本所在，是否善于抓要点、抓根本，是产生这种差距的关键。不能抓住问题的关键和症结所在，结果只能是"治标不治本"，唯有抓住了要点和根本，才能"对症下药"，一举治本，让难题迎刃而解。

把难题想透彻，就能轻易解决

在很多老板看来，衡量员工工作效率高低的一个重要标准，就是看他是否能将问题彻底解决。作为员工，我们在工作中不能一看到问题就一头扎进去瞎忙，而应该经过认真考察，深入分析，把问题看明白想透彻，然后再行动，这样才能忙出价值，忙出高效。

把问题想透彻，才能找到问题的关键所在，才能找到解决问题最有效的方法。把问题想透彻了，才有可能发现所谓的"危机"不过是某一方面问题的表现，它不仅可以克服，还可以"翻转一面是天堂"，变成更大的机会。

一个善于解决难题的人，往往和一个下棋高手是一样的，都习惯于看透三步，才去落子，而绝不会像一个新手似的，还没想好下一步怎么走，就急忙把棋子落下去了，结果导致自己"一着不慎，满盘皆输"。

新希望集团创始人刘永好、刘永行等几位刘氏兄弟，当年带着1000元人民币开始创业，通过养鹌鹑在几年之内赚到了第一笔钱。他们周围的很多农民看到他们通过养鹌鹑赚到钱，于是都开始一窝蜂养鹌鹑。结果，产品越来越过剩，鹌鹑价格大幅度下跌。那些后进入的人，养了几年鹌鹑，不但没赚到钱，连本钱都亏了不少。于是，很多人又把养殖场关了，或者转了行养别的去了。

当时，刘氏兄弟的鹌鹑养殖事业也受到了很大的冲击。这时，有朋友建议他们，见好就收，趁着手里有点儿钱，去做那些更赚钱的事。刘氏兄弟没有听从别人的劝告，而是坚持做了下去。为什么他们会如此有信心呢？因为他们已经把问题想透彻，把行业的现在和未来都分析和思考得非常深刻，认为这一行未来依然很值得做。

在把问题想透彻后，他们抓住了问题的关键，然后找到了解决的方法：只要将规模做大，就不会亏本。因此，他们不但没有转行，还加大了投入，扩大了规模。用了一年时间，刘氏兄弟便建成了中国最大的鹌鹑养殖基地。通过这一做法，他们很快便赚到了创业以来的第一个1000万元人民币。

这个案例告诉我们，遇到了问题和挫折时，只要我们能够把问题想得足够透彻，就能够知道问题的关键所在。然后，我们根据问题的本质对症下药，就能让问题轻易解决，让自己获得巨大的回报。

回到我们职场来，我们会发现，对于公司来说，那些善于开动大脑去主动分析问题，并且能最终为公司解决难题的员工，永远是用人单位最喜欢的员工，是员工们最好的榜样。

其实，无论是大公司还是小公司，在发展过程中都难免会遇到各种各样的问题，甚至是看起来难度极大或者无解的难题。这就像太阳东升西落一样，是非常正常的事。但是，如果不解决这些企业发展过程中遇到的瓶颈，企业就会发展缓慢甚至寸步难行。所以，任何企业都特别青睐和重用那些能主动站出来，为企业排忧解难的人才。

作为员工，只有为公司解决问题这一个途径能够体现你的价值，没有别的方式。切记，工作就是解决问题。在面对林林总总的问题时，不要幻想逃避，要勤于思考，敢于面对，并能以自己的能力去分析问题，最终解决问题。在解决问题时，最容易解决问题的方式，就是把问题想透彻，抓住问题的根本和关键，然后"对症下药"。

微软创始人比尔·盖茨还在担任公司总裁时，就经常要求微软的员工，要带着思考去工作，在工作中思考。更重要的是，要能够利用自己所学的知识，分析问题，找出产生问题的症结所在，切实地解决出现的问题。

比尔·盖茨曾给员工们讲过这样一个故事。有一次，有位教授带着学生们去某个工厂参观学习。在一个制造齿轮的车间里，有一台机床加工出来的轮齿表面总有不正常的划痕。为什么会这样呢？要知道，加工齿轮的轮齿机床是很复杂的，主要是它传动的内部关系很复杂，而且这个传动内部的关系又是十分严格的。教授对这种机床的传动机理比较清楚，思考了一下，然后对传动中的每一个环节都进行了分析。很快，他便找出了问题的症结所在：原来，工人把主动齿轮与被动齿轮装反了。工人把这部分打开一看，果然如教授所分析的那样。

总之，在工作中，我们应该认真思考和分析遇到的每一个问题，如此才能打开一条妥善解决问题的道路。只不过，分析问题只是解决问题的过程，坐而论道是不能让问题自行消失的，最终还是要在分析问题的基础上，凭借我们自己的能力和行动，去将问题消灭掉。

最后，让我们用IBM（国际商业机器公司）创始人托马斯·沃森的这段话来共勉："我们不是靠我们的脚吃饭，而是靠我们的头脑，脚永远不能和头脑相提并论。一切问题都可以解决，只要我们愿意去思考。"

第五章　能解难题
公司要有人解困厄，我是"难题终结者"

少问"如果"，多说"如何"

在工作中，无论我们遇到了困难和问题，还是遭到了失败和挫折，都尽可能不要把注意力放到"绝不可能"上，抛弃那些借口与抱怨，专注于寻找方法，看看"如何才能"更好地解决问题，克服困难，摆脱困境。

在职场里，从来不讲"绝不可能"，只追求"如何才能"；不管是什么问题，都想办法去解决；无论公司交给自己什么样的任务，都努力去执行，这样的员工，最容易获得公司的认可，最容易在职场里脱颖而出。因为这样的员工，最能够给公司带来价值。

当我们把"绝不可能"改为"如何才能"，原来难以想象的奇迹或许就会出现。在面对问题时，如果问题难度太大，很多人会对自己说，这个问题是"绝不可能"解决的，然后就放弃了尝试和努力。然而也有一些人，当自己下定决心要达成某项目标后，无论遇到任何问题与困难，都会对自己说"如何才能"达成目标，寻找一切解决问题的方法，尝试一切的可能，最终让目标达成。

问大家一个问题：如果你是一个19岁的大学生，家里非常贫穷，连上学的学费都凑不够，你能够在坚决不做任何违法犯罪的事的前提下，完全凭借自己的智慧，在一年时间内赚到100万美元吗？

绝大多数人在听到这样的问题时，第一反应肯定都是：绝不可能！然而，这样一件大多数人认为"绝不可能"做到的事，却有人做到了。做到这件事的人叫孙正义，日本软银集团的创始人。身高只有1米53的孙正义，在 19 岁的时候制订了自己未来五十年的人生规划。这些规划里有这样一条，就是要在 40 岁之前至少赚到 10 亿美元。后来的事实证明，他不到 40 岁就已经超额完成了这条规划。

我们在这里主要看看他是如何在 19 岁那一年，利用自己的智慧赚到了人生中的第一个 100 万美元的。在 19 岁那年，孙正义和很多穷苦的学生一样，也曾经因为父母无法负担他的学费、生活费而发愁过。当时，他正在美国留学，为了解决学费、生活费的问题，他绞尽脑汁地寻找赚钱的方法。思前想后，他决定通过创造发明赚钱。然后，他逼迫自己不断想各种点子。在这段时间内，他想出来的各种发明和点子，足足记录了二百五十页之多。

最后，他选择了其中一项他认为最能产生效益的产品：多国语言翻译机。这时问题马上来了，他并不是工程师，不知道怎么组装机子。不过这可难不倒他，他想办法找到了很多小型电脑领域的一流著名教授，跟他们讲自己的构想，向他们请教，寻求他们的帮忙。大多数教授都拒绝了他，但有一位叫摩萨的教授不但答应帮助他，还为他成立了一个设计小组。

接下来他遇到的新问题是：他手上没有钱。这同样难不倒他。他先想办法征得教授们的同意，然后与他们签订合同。孙正义在合同里向教授们承诺，他一旦将这项技术卖出去了，就马上付给他们研究的费用。

这个产品最终成功地开发了出来。然后孙正义拿着它前去日本推销。最终，夏普公司购买了这项专利，并委托孙正义继续开发具有法语、西班牙语等七种语言翻译功能的翻译机。最后，这个项目让孙正义在一年之内整整挣到了 100 万美元。

绝大多数人听到了刚才笔者提的那个问题时，都会认为"绝不可能"，然而孙正义却一直在"如何才能"的思路的指导下，遇到问题解决问题，遇到困难克服困难，最终成功地达成了目标。

在生活里，你是否经常听到类似于这样的话："如果我当初去做就好

第五章 能解难题
公司要有人解困厄，我是"难题终结者"

了""如果上天再给我一次重来的机会的话""如果我当初没有放弃就好了""如果我那时候把那个难题解决了，现在也是主管了吧""如果我五年前跟着他去创业，现在也是有钱人了"……令人遗憾的是，这些"如果"对于当下的你并没有多少真正值得借鉴的价值，因为这并不是在对失误、错误进行经验总结，而只是对现实的一种无奈的感慨和叹息。待感慨完了，"星星还是那个星星，月亮还是那个月亮"，一切照旧，什么也没有变。

在职场中，我们也总能听到诸如此类的"如果"："如果老板不支持我怎么办""如果这次项目做不成功怎么办""如果这次行动没有任何结果，公司会怎么看我""如果我接下了这次任务，万一失败了，我会不会很没面子啊""如果我去向这个大客户推销，他拒绝了我，我是不是很丢脸啊""如果下个月没能拿到一个 10 万元以上的大单，怎么办"……当然，这些"如果"也不是不好的担心和顾虑，至少说明当事人能够时刻把工作装在心里。然而，这些想法容易成为我们的一种心理负担，让我们缩手缩脚，不敢行动。

所以，我们要尽可能不让这些消极的想法阻碍我们行动的积极性，破坏我们的执行力。例如，当你的脑子里冒出了类似于"如果失败，我该怎么办""要是被拒绝了，我是不是很丢脸"之类的想法时，要及时"刹车"，把消极想法扼杀在萌芽状态。当你能够做到少问这样的"如果"，多让自己寻求"如何"更好地去把事情做成功时，你的意志力会变得很顽强，你的执行力会变得快速、高效。

化劣势为优势，化危机为机会

一名杰出的员工，绝不会害怕和躲避问题，相反，他不但能够很好地解决问题，还能够化危机为机会。最高境界不是把问题解决了，而是能把劣势变为优势、将危机转化为机会。最优秀的人，不是只把问题解决掉的人，而是能把劣势变为优势、将危机转化为机会的人。

当你在工作中不小心拿到坏牌、处于劣势的时候，一定要想方设法从中找到契机，把劣势变为优势，将危机转化为机会。

美国宝洁公司推出了一款新产品——白肥皂。但是，由于当时的肥皂厂很多，行业竞争非常激烈，所以宝洁公司慢慢地便陷入了困境之中。更为糟糕的是，在辛辛那提的一个车间里，有一个粗心的员工在午休前忘记关掉肥皂原料合成搅拌器了，从而导致原料中混入了过多的空气，结果制造出来的肥皂一个个都膨胀了起来，颜色也由纯白色变成了乳白色。这个失误令宝洁公司的处境雪上加霜，因为这意味着这些昂贵的化工原料全部报废，公司损失惨重。

宝洁公司老板这时候心里的苦可想而知。不过，虽然内心焦急不已，但他还是开始想方设法解决这个难题。在寻找方法的过程中，他突然想起了这么一幕：很多辛辛那提居民在俄亥俄河里洗衣、洗澡时，经常会将肥皂掉进水里面，然后就沉了下去，最终再也找不回来了。想到这里，他知道自己找到了化危机为机会的好方法了，于是脸上开始露出微笑。

他马上找来一块圆鼓膨胀的肥皂，然后放到水里去。果然不出所料，这块肥皂真的浮了起来！于是，他立即命令下属："继续生产，告诉我们的零售商，我们公司又推出了新产品，一款漂浮的白肥皂！"这款"漂浮肥皂"上市后，很快便成为杂货店里的抢手货。

这个故事启示我们，如果处理得好，坏事是可以变成好事的；如果解决得妙，危机是可以转化为机会的；如果利用得当，劣势是可以变成优势的。

当然，无论是对于企业经营者而言，还是对于职场中给老板打工的员工来说，出现危机都是一件可怕的事情。只不过，对于肯勇敢面对危机与困境，然后想方设法解决问题的人来说，任何危机和困难都不会打倒他们。对于有些人来说，危机反而会是自己的机会。事实上，在职场里，我们时不时能看到一些员工，能够直面危机，解决困难，最终让自己脱颖而出。

大学毕业后，晓文进入一家公司当了一名文员。令他没想到的是，在这家公司里上班还不到半年，这家公司居然因为投资失误，面临倒闭。很快，公司便开始裁员，搞得人心惶惶，没有几个人还在安心工作。在还没有被裁的员工里，有不少人也已经开始明里暗里地找新工作，准备跳槽。

要说公司里还能安心工作的，恐怕只剩下晓文了。只见他每天来上班后，还是一如既往地努力工作，不仅认真地做好分内事，还主动去做了很多分外事。公司老板已经60岁了，属于文人下海，没有什么做生意当老板的经验，所以经营不善，公司面临倒闭。不过，对于晓文的表现，老板还是很感激的。

在老板的秘书辞职离开后，晓文还主动帮助老板处理好了各种善后的工作。最后，公司倒闭了，他也不得不离开了。在离开前，老板私下里多给了晓文半年的薪水，并且通过自己的人脉，为晓文找到了一个新的好工作。

因为原来老板曾在新老板面前极力推荐的缘故，晓文来到新公司后很受新老板的器重。晓文也更加努力地投入到新工作里去。他从办公室副主任做起，不到两年时间便已经成为新公司里主管人事和行政的副总裁了。

有一次，公司公开招聘营销总监，晓文担任主考官。很巧的是，这次前来应聘的人里面，有一位竟然是晓文原来公司的副总经理。自从公司倒闭后，他一直没找到一份好工作，这次看到有公司招聘营销总监，他便来试一试。没想到，主考官居然是当年自己手下一位不起眼的同事。在震惊之余，他也不禁感叹道，遇到危机，对于平庸的人来说是一场灾难，但对于优秀的人而言，却是一次很好的机会啊！

对于杰出人士来说，机会无处不在。公司快倒闭了，不但对于老板来说是危机，对所有员工来说也是危机。但年轻的晓文却凭着自己的敬业、努力和智慧，将危机转变为了自己的机会。事实上，能把劣势转化为优势、将危机转变成机会的事迹在职场、商界比比皆是。

有一次，3M（明尼苏达矿务及制造业公司）公司研究员史华尔参与了3M公司一项黏度超强的粘胶研制工作。没想到，最后史华尔非但没有研制出超强度的粘胶，还搞出了一款黏度超弱的粘胶。公司认为这种粘胶毫无用处，决定将它当作废物处理掉。但史华尔不死心，虽然他暂时也说不出这款"失败"的产品有什么用处，但他总觉得这款粘胶一定会对人们有某种帮助。

过了几天，他去找一位朋友玩。朋友因为经常去参加唱诗班，所以常常会把小纸条夹在乐谱里，以便很快能找到自己所要唱的诗，但苦于小纸条总是掉，所以他向史华尔求助。史华尔灵机一动，将自己所研制的超弱粘胶制成了一款书签，然后将它粘在小纸条上，这样不但可以当成不会掉的书签，在撕掉时还非常方便，绝不会损坏乐谱。

在此基础上，史华尔又对这款新产品做了进一步的研究。他计划将这款粘胶制成自黏性便条纸。这款新产品制造出来后，一经上市，就风靡了整个美国，然后走向了世界。如今，许多人都放弃了对图钉与回形针的使用，转而用这种方便快捷的东西。

原本是要研究超强粘胶的，结果反而制造出了超弱的粘胶。按一般人的认识，肯定是失败了。但是，跳出原来的研究目的，只思考现有的结果能够如何利用，最终反而有了一个更大的市场。这就是"化劣势为优势，化危机为机会"很典型的案例。

任何一位受到公司器重的员工，往往都是能够直面危机和困难，然后想方设法最终解决掉难题的人。如果你也想被公司器重，就一定要学会化劣势为优势，化危机为机会。如此，你的机会要比你想象的还多。

第六章

绩效出众

公司重视业绩与高效，
我事半功倍

Outstanding performance

不做无用功，撕掉"无效工作狂"的标签

无论在生活中还是工作中，我们总能看到有些人整天忙忙碌碌的，却一事无成。这类人让我想到了一个小故事。有个叫平安的人有一天想在自己家的客厅里挂一幅油画，于是找邻居吉祥来帮忙。平安把油画扶到墙上的适当位置，然后让吉祥帮忙钉钉子。这时，吉祥跟平安说："这样直接钉一个钉子然后把油画挂上去，看起来不好看，最好还是先钉两个木块上去，然后把油画放在上面。"

平安觉得吉祥的建议挺不错的，便请他帮自己找两个木块来。吉祥很快便找来了木块。平安正准备把木块往墙上钉时，吉祥又说木块有点儿大，最好能锯掉一些。平安同意了，然后吉祥主动去找来了一把锯子。才锯了没两下，吉祥又说道："不行，这把锯子太钝了，应该磨一磨了。"

正好吉祥家里有一把锉刀，于是他回家把锉刀拿了过来。没想到，他在用的时候才发现，这把锉刀太长时间没有使用，它的柄都快烂掉了。为了给锉刀安装新的把柄，吉祥又去附近的一个灌木丛里寻找小树。

要砍下小树时，吉祥又发现自己手上的这把锈迹斑斑的斧头实在是没法用了。于是，他又找来了磨刀石，准备用它来磨一磨自己的旧斧头。可是，为了固定住磨刀石，必须要制作出几根固定磨刀石的木条才行。为此，吉祥又去寻找一位木匠帮忙。结果吉祥这一走，就再也没回来过。过了好几天，待平安再次见到吉祥的时候，吉祥正在县城里帮助一位木匠从五金用品商店里往外抬着一台笨重的电锯。

第六章 绩效出众
公司重视业绩与高效,我事半功倍

在职场里,其实也有一群像吉祥这样的人,他们整日辛辛苦苦,奔波劳碌,忙得不可开交,累得要死,却费力不讨好,因为他们总是做了一大堆的无用功。做了无用功,就给不了公司什么业绩与成果。这样的人得到的回报往往也极少,虽然整天看起来忙忙碌碌的,但他们的薪水并不上涨,职位得不到提升,前途并不光明。这类整天总是在忙忙碌碌地做无用功的人,叫作"无效工作狂"。

"无效工作狂"确实很值得同情,因为这类人其实都有着要把事情做好的愿望,也不吝啬于付出自己的努力,但辛辛苦苦地付出了很多很多,却没有什么回报,他们自以为下了很多的苦功夫,可是到头来却是白忙了一场。然而,如果这类人不马上做出改变,尽量少做无用功,尽快撕掉"无效工作狂"的标签,他们还是会继续"白忙活"。

"无效工作狂"一直都误以为,自己只要努力就行,却不知道方法不对,力气白费了;方向错了,越努力离目标越远。如果不是做对的事,如果不能把事情做正确,如果用了错误的方法去做事,又或者连自己在做什么都不清不楚,那么只是在浪费自己的时间和精力而已。看起来再"努力勤奋",也只是在做无用功,自然也不可能得到什么好的回报。

工作敬业、善解人意的凌玲,很受总经理的赏识。自从被提拔为总经理助理后,她工作起来更卖力,并且能够帮助总经理将工作安排得井井有条,和同事们也相处得很好。

凌玲在这里工作可以说是得心应手了,在这家公司里,与她同一时期入职的员工里,她是做得最好的了。由于她和同事们关系都很好,和以前的同学们关系也很好,再加上她是一个很热心肠的人,所以,经常会有同事找她求教和帮助,也时不时会有同学打电话来请教她一些关于工作上的事情。

善解人意的凌玲每次都会很积极地帮助他人出谋划策,解决他人遇到的问题。找她帮忙的人越来越多，以至于她都无法专注于有效的工作了。总经理批评过她，说她做这些事虽然帮助了同事、同学，甚至对提高公司其他人的工作能力都起到了非常好的作用，可这些事对她本人来说毕竟是无效的，这些无效的事迟早会误了她自己的工作。但凌玲依然故我，每天还是忙忙碌碌的，热心地做着很多分外事。

有一天，总部的总裁打电话找总经理。没想到，公司的电话一直占线。总裁打电话过来是要通知凌玲的总经理，有个重要的合同要与他协商。结果，总裁一直等了半个多小时，才把电话打了进来。在了解了电话占线的原因不是因为凌玲的总经理在洽谈别的生意，而是凌玲接了一个电话，正在热心地帮助别人，又在做那些无效的工作后，总裁非常生气。

然而，凌玲依然没有改变，继续着这样忙忙碌碌的"无效工作狂"的工作状态，总经理怎么劝她都不听。又过了一些日子，凌玲收到了总裁发过来的一份传真，上面写着对凌玲说的话：你的工作很出色，你也很努力，但是你没有很清楚地认识到哪些事才是对你和公司最有效的。我希望你做一个高效的、能不断为公司做出业绩的凌玲，而不是一个贴着"无效工作狂"标签的凌玲。

可是，已经习惯了这样的工作状态的凌玲，也想撕掉"无效工作狂"的标签，但每当有同事或同学找到她时，她又把要改变的决心抛到脑后了。结果，每天都忙得不可开交的凌玲被辞退了。原因也很简单：她整天忙忙碌碌却一直在做无用功。

忙碌本没有错，但是，最重要的是你必须忙出好业绩、好成果，千万不要让自己成为整日沉溺于无用功的"无效工作狂"。

公司是靠创造业绩、利润而生存发展的实体，没有好业绩，创造不出好利润，公司就要倒闭。公司要在竞争激烈的市场经济中生存、发展，就只能要求每个员工每天都要做有用功，要做出好业绩，创造出可观的利润。

如果你也是一个整天做无用功的员工，那么一定要尽快改变自己，把自己身上的"无效工作狂"的标签撕掉，让自己转变成为一个既勤奋努力，又能忙出好成绩的优秀员工。

抓住"时间窃贼",忙出高效

多年以前,有一位美国大企业的董事长与尚未去世的"管理大师"彼得·德鲁克交流时,用肯定的口吻对彼得·德鲁克说,自己的工作时间安排得非常合理,利用得非常充分。为什么这样说呢?因为他是这样安排时间的:三分之一用于与公司高级管理人员研讨业务,三分之一用于接待重要客户,其余三分之一则用于参加各种社会活动。

德鲁克并不这样认为,但没有说太多,而只是给了他一个建议,就是让他记录下自己的时间分配情况,要连续记录六个星期,做完这件事以后,再跟他原来的估计比较。结果,这位董事长发现他的时间基本上都没有花在这三个方面。他所说的时间分配,不过是他的理想状态,是他的想象和记忆,而不是实际情况。

在工作中,我们也是这样,总是认为自己在争分夺秒地工作着,总是觉得时间不够用,实际上,那些黄金钻石都换不回的时间,早就已经被数不清的藏在暗处的"时间窃贼"给窃走了。

活在当下的我们,无论是生活还是工作,最不能缺的恐怕就是电脑和手机。电脑和手机都能够连接互联网,能够让我们了解到无数的新鲜资讯,这对我们工作是有帮助的。然而,如果我们自律性太差,就很容易被电脑和手机占用我们的时间。甚至可以说,如今的电脑和智能手机,每时每刻都在悄无声息地"偷走"我们的时间。

我们以电脑为例。在公司里,我们认为在使用电脑去上网时才会让自己的时间被"偷走"。其实如果不注意的话，电脑在很多方面都很容易"偷走"我们的时间。据美国《芝加哥先驱报》调查发现：办公室职员每周平均浪费在电脑上的时间为五个半小时。这五个半小时，有19%用于等待电脑或同事来做事情，有16%用于帮助同事使用电脑，有17%用于电脑检查或者格式化，有12%用于学习使用新软件，有14%用于删除库存档案，有5%用于安装软件，还有17%用于玩网上的游戏。

这份调查还做了一个假设：如果美国使用电脑办公的人数为2500万人，那就表示每年将浪费掉50亿个小时，折算成工资支出为1000亿美元。因此，对于有些人来说，电脑和互联网纯粹是个浪费时间的发明，是一个不折不扣的"时间大盗"。

事实上，不仅仅美国职场人士容易被电脑互联网和智能手机"偷走"时间，全世界的职场人士都是如此，我们也不例外。为了让自己总能及时地完成工作，落实任务，成为一个真正的高效能人士，首先要拿和我们工作密不可分的电脑开刀，提高电脑的使用效率。

例如，我们应该提高文件和档案电脑化所花费的时间，不要浪费时间输入不必要的信息，不要花太多的时间过度地编辑或改写文件，不要放任自己浪费时间去摸索电脑和软件的使用，不要沉溺于工作时间上网交友，更不要让自己对网络游戏上瘾……只有这样，电脑才能成为帮助我们节约时间的工作好伴侣，而不是悄悄地"偷走"我们时间的"大盗"。

其实在职场里，"偷走"我们时间的"贼"还远远不止电脑这一个。这些"时间窃贼"总是在悄无声息地偷走我们的宝贵时间。要想抓住它们，最好的办法是揭开它们的面具，看清它们的真面目。然后再好好地处理它们。

无论是生活还是工作中，"偷走"我们时间的最大"窃贼"都是懒惰。懒惰的人容易把工作荒废掉。怎样抓住和处理掉这个"时间窃贼"？我们可以借助一些日程表来安排我们的工作顺序，并规定完成的时间，且要避免在家里工作，因为家里过于舒适和放松。最关键的是，要及早开始，立即行动。

做事拖拖拉拉，是很常见的一种浪费工作时间的原因。如果在做一件事情之前，担心这个，顾虑那个，就很容易拖延。对付这类"时间窃贼"很简单，我们马上付诸行动即可。

寻找乱放的东西，也会浪费我们每天的很多时间。甚至有人专门调查、统计过，我们每年都要花掉 10% 的工作时间，用于在乱放的东西里找出自己要用到的东西。要对付好这种"时间窃贼"，最好的办法是，不用的东西果断扔掉，还有用的东西要分门别类保管好。

如果对自己的人生没有什么规划，平时也没有明确的时间安排，那么"时间窃贼"也能很容易就"偷走"我们的时间。因为这样的我们，往往不知道应该先做什么后做什么，同时面对几件事情，顾得了这件事情，顾不了那件事情，结果忙乱不堪，根本集中不了精力去处理那些最重要的事情。

爱做白日梦的员工，也很容易被"时间窃贼""偷走"时间。有些人在工作的时候，总会开小差、溜号儿，不是翻来覆去地想着某些电影情节，就是想着未来发财的机会。只可惜，这样的白日梦，不但不会给你的时间管理带来任何益处，还会令你的时间在你空想的时候白白溜走。

不懂得寻求他人合作，不知道让他人帮助自己的人，其实也是在浪费时间。虽然在公司里，我们也会讲求分工，讲求按劳分配，但是有分工必有合作，要想提高时间的使用效率，最好能够寻求他人的协助，授权他们去做好，这样你不仅能获得和别人沟通的机会，享受双赢的成果，还能减轻自身的负担。

除了上述这些常见的"时间窃贼"外，其实在别的方面还有很多，例如开不完的会议、响不停的手机、混乱的办公桌、需要应付的快递员、别人难以拒绝的要求、不能执行的计划等，都会耗损你时间的内存，让你真正用于工作的时间大幅度削减。

永远不要说自己的时间有限,忙得不可开交,时间管理永远有可以提升的空间,只要你发现那些具体的"时间盗贼",抓住它们,挨个消灭,就能够提升自己的时间管理水平。

时间有三种,一是过去的时间,二是现在的时间,三是未来的时间。如果你现在觉悟了,你失去的只不过是第一种时间,也就是说,你还有现在的时间和未来的时间。所以,让我们从现在开始,抓住并处理好那些"时间窃贼",优化好自己的时间。这样,你就能成为一个高效人士,做出更多优异的业绩。

用好"二八定律":先把时间留给重要的事

有一位部门经理不幸患上了心脏病,医生盼咐他每天只能工作三四个小时。他遵从了医嘱,没想到他惊奇地发现,这三四个小时所做的事情,无论在质上还是量上,都与之前他每天花费了八九个小时所做的事情几乎差不多!

原来,当他知道自己每天只能工作三四个小时以后,便不得不先把最重要的工作安排在最前面,然后是次重要的事情,依此类推。安排好工作计划,他每天都会先从最重要的工作开始落实。一段时间后,就有了刚才说的那种让他惊奇的发现。

这位部门经理其实无意中运用了"二八定律"来指导自己的工作,所以才会取得如此好的工作回报。什么是"二八定律"呢?

19世纪末,意大利经济学家帕累托在研究英国人的财富和收益模式时发现:占人口总数大约20%的富人占有了社会财富的80%以上;而占人口总数80%的穷人只占有社会财富的20%左右,处于穷苦的边缘。他在扩大了研究范围后,又发现:在任何一组事物里,最重要的只占其中的一小部分,约20%;占据了80%的大多数却是次要的,甚至是不重要的。这个现象他称之为"二八定律"。

"二八定律"对工作的一个重要启示是,避免将时间花在次要的、不重要的多数事情上,因为它们会花掉你每天工作时间的80%,却只能给你20%左右的回报;你应该把时间花在重要的少数事情上,因为你将这些重要的少数问题很好地解决掉，也只需要花费你每天工作时间的20%，却能得到80%的回报。

在大学求学期间，理查德·科克也学到了"二八定律"。当时，有一位学长跟他说，在读一本书时，没必要从头到尾全部读完，除非把读书本身当成是一种乐趣。在读一本书时，领悟这本书的精髓，要比读完它有价值得多。这位学长想要告诉理查德·科克的，其实就是"二八定律"所提倡的那样，一本书的价值，在前20%里就已经论述明白了，因此只需要好好地读一读这20%的内容即可。对于这种读书、学习的方法，理查德·科克非常喜欢，并从此一直在用这种方法去读书。

他就读的大学并没有一个连续的评分系统，课程结束时的期末考试就足以裁定一个学生在学校的成绩。于是他用"二八定律"分析了过去的考试试题，结果发现如果把所学到知识的20%甚至更少的与课程相关的知识准备充分，就有把握回答好试卷里80%的题目。为什么那些专精于一小部分内容的学生能考得高分，而什么都知道一点儿但却没能掌握课程精髓的学生往往考试成绩不太如意，原因就在这里。这项研究结果让他不用再披星戴月、终日辛苦地学习，却还是取得了很好的考试成绩。

大学毕业后，他在石油加工行业工作了一段时间。然而他发现这个行业很不适合自己。在分析了自己的优势和长处后，他认为对自己来说，最好的工作是从事咨询。于是，他继续求学。通过努力，他拿到了美国沃顿商学院工商管理硕士学位。随后他加盟了美国一家顶级的咨询公司。上班的第一个月，他领到的薪水就已经是在石油行业上班时月薪的五倍。

随着工作的深入，他发现了更多的"二八定律"的实例。例如，咨询行业80%的成长，来自专业人员不到20%的公司。又如，80%的快速升职都只有在小公司里才有。当他离开第一家咨询公司，跳槽到第二家的时候，他惊奇地发现，新同事比以前公司的同事更有效率。怎么会出现这种现象呢？他很快发现，原来很多同事都会使用"二八定律"来指导自己的工作。

"二八定律"启示我们，一个做事高效的人应当忙于重要的事，而不是事无巨细都往里面投入大量的时间、精力，做无谓的消耗，虽然这会让你看起来很勤奋很努力很乐于付出。然而，归根到底，公司评价一个员工的，首先还是他为公司做出了什么业绩，创造了多少利润，解决了多少难题。

理查德·科克有两位同事，也都是运用"二八定律"指导自己工作的高手。这两位同事，一个叫山姆，一个叫迈克。山姆看起来并不是一个工作狂，却总能给公司带来可观的业绩和利润。没有人知道山姆是怎样管理时间的，也没有人知道他每天工作多长时间，只看到他每天都不是很忙。然而，熟悉他的人都知道，他每天总是把绝大多数的时间和精力投入到重要的事情上。例如，他只参加重要客户的会议；又如，他会把所有的精力都拿来思考如何在与重要客户的交易中增加获利，然后再安排得当，用最少的人力来达成这一目标。

迈克在一个面积很小，拥挤又嘈杂的办公室里工作，每天上班时间里，打电话的声音、交谈的声音、使用打印机传真机的声音充斥着他的耳朵。但是迈克却能在这样的工作环境里把事情做得非常好，总是能做出亮眼的业绩。在独自工作时，他会把所有的注意力都集中到工作中去，周围的声音完全影响不到他。需要和客户、同事商谈什么事时，他则会把人带到安静的会议室里，然后再谈。和山姆一样，迈克每天也专注于先去完成重要的事情，所以他虽在如此环境下，工作总是做得很出色。

在职场里，有些员工总是抱怨自己每天都做了很多很多事情，但不明白为什么老板却不给自己涨薪水。然而，如果不懂得用"二八定律"来指导自己，不能总是先去做重要的事，最可能的结果往往是：投入与产出、努力与收获、付出与回报之间，总是存在着巨大的不平衡。

其实，熟练运用"二八定律"后就能明白，重要的小投入，往往能有更多的产出；重要的小努力，可能有很大的成绩；重要的少数，决定了整个组织的盈亏和成败。

所以,在工作中,我们要学会首先做好那些"重要的少数",这样才能产生事半功倍的效果。如果你想使自己忙碌得很有价值,并且使价值最大化,就请从现在开始,学会把自己的时间和主要精力都集中在那些最有价值的 20% 的事情上来。

管好时间，让每一分钟都不虚度

20世纪90年代初，我国北方某省派出一个参观团，前去日本出席一个会议。出国前，参观团团长准备了厚厚一沓发言稿。到了那里后，日本主办方的工作人员给团长递上了一份会议手册。当团长打开手册后，却惊讶地发现，里面写着这样一条："中方发言时间：10点17分20秒至18分20秒。"换言之，发言时间只有一分钟！

在某些习惯了"一杯茶，一支烟，一张报纸看半天"的人看来，这太不可思议，太不近人情了。其实，对于日本职场里的很多人来说，这是很平常的一件事。他们在做事的时间限定上精确到分钟甚至秒钟，是因为他们懂得时间的珍贵。事实上，那些取得过很多杰出成就的人，都明白这样的道理：珍惜每一分每一秒的时间，才能成就辉煌。他们也用实际行动告诉世人，他们对时间的管理，是从让每一分钟都不虚度开始的。

一分钟能做什么事呢？其实一分钟能做的事情有很多。据统计，在一分钟的时间内，可以阅读一篇五六百字的文章，可以跑完四百米的距离，可以敲一百多个字，可以浏览一份四十多个版面的报纸，可以做三十个蹲起或二十个仰卧起坐。

我们也可以用一分钟时间安排好一天的工作计划，可以用一分钟时间把办公桌收拾得干干净净、整整齐齐，还可以用一分钟时间打个盹或者冥想一会儿。

在国内某企业内部的一次管理培训课上，给大家授课的是一位美国管理专家,但这位专家居然能用流利的汉语来给大家讲课。只见他在黑板上写了这样一行字:"一分钟能做多少事?"

在台下听课的学员们交头接耳了一会儿,然后纷纷举手回答:"我一分钟能欣赏完五到十个精彩的广告短片""我打字速度比较快,一分钟能录入一百五十个字""我踢足球比较在行,一分钟至少能组织一次很好的进攻,很多球赛的胜负是在最后一分钟决定的""在篮球比赛里,一分钟至少可以组织两次进攻""我当过记者,写字很快,一分钟可以写七十多个字""我曾在一分钟之内推销出去过一件产品"……

"谢谢大家的配合,给了我这么多答案,而且很多都来自于你们的亲身实践,这非常好,也说明了你们每个人都很优秀。虽然我们必须承认,一分钟过得太快了,但是只要我们能好好地珍惜每一分钟,学会将它化零为整,那么,一分钟也能干出很多伟大的事情来。要知道,每个人的生命其实都是由无数个一分钟组成,每件事情,都是在一分钟一分钟的执行中落实出来的。道理听起来很简单,但我们如果能将简单的道理一次次地付诸行动,我们一定会成为不简单的人。"

说完这些,这位美国管理专家又向学员们分享了一个他学习汉语的秘密:"我现在汉语讲得比较流畅,是因为很多人帮助了我。其实我起初学习汉语时,很担心学不好,于是就利用很多个一分钟,去学习汉语;我又利用每次与中国朋友结识的机会,向他们学习汉语。在别人的帮助下,在我自己的努力下,我终于学会了汉语的听、说、读、写。当然,今天也要谢谢大家给了我学习的机会,今天,我可是学了很多个一分钟啊!"专家的话,让大家不禁鼓起了掌,掌声经久不息。

一分钟能做什么事?有时候能决定胜负,甚至是生死大事的,正是这关键的一分钟。如果对一分钟的时间不加以珍惜,不去重视,甚至无视它,它迟早会施以颜色,让我们知道它的重要性。只是往往到了那个时候,我们再想去珍惜这一分钟,已经来不及了。

有一次，一位年轻人如约来到获得哈佛大学荣誉学位的发明家、科学家本杰明·富兰克林家里。当他看到本杰明·富兰克林家里的物品摆放得乱七八糟时，颇感意外。这时本杰明·富兰克林对年轻人说："麻烦你在门外等一分钟，我收拾一下，然后你再进来，好吗？"然后他便轻轻关上了门。

刚刚过了一分钟，本杰明·富兰克林又打开了房门，热情地把年轻人请进了客厅。这时候，年轻人看到房间内的一切已经变得井然有序，还有两杯倒好的红酒。年轻人对此很惊讶，但他还没有把满腹有关人生和事业的疑难问题讲出来，向富兰克林求教，富兰克林就已经很客气地对年轻人说："干杯！你可以走了。"

年轻人手里拿着酒杯，还没喝就听到了逐客令，有些尴尬地说："我还没有向您请教呢。"富兰克林一边微笑一边扫视着自己的房间，说："这些……难道还不够吗？你进来已经又有一分钟了。"

"一分钟……"年轻人若有所思地说，"我明白了，您是想让我懂得一分钟的重要性。我现在明白了，一分钟既可以做很多事情，又能改变很多事情。谢谢您！"

这个故事也启示了我们，珍惜眼前的每一分钟吧，不要让它虚度。因为这就等于珍惜了你所拥有的今天。我们所拥有的每一天，都是由无数个一分钟组成的，每一分钟都非常可贵，都不可以轻易地挥霍、浪费，那些被挥霍、被浪费掉的一分钟，都永远不会再回来，你能不再虚度的，只能是当下的每一分钟。

把时间用在"最有生产力"的地方

"不值得做的事,就不值得做好!"这句话经常被肯·布兰佳挂在嘴边。这个人是谁?他是《共好》一书的作者。为什么他喜欢说这句话?因为这句话让他明白,并不是每一件事情都值得我们全力以赴去做,不值得的事情就不值得做好。

那些做事高效、取得过很多巨大成就的人,往往是那些对无足轻重的事情无动于衷的人,但他们对重要的事情却总是很敏感。那些太过专注于小事的人,久而久之,容易成为做不了大事的人。在职场里,如果你想成功,就一定要将四分之三以上的时间和精力,都花在值得做好的事情上面,切勿捡了芝麻丢了西瓜。

岳梓在一家纺织公司担任销售代表,一直在工作上非常努力,每个月的业绩在公司里也都名列前茅。所以,他自然会对自己的销售业绩引以为傲。有一次,他在和老板谈工作时,还向老板说了自己是如何如何卖力工作,又是如何如何劝说服装制造商向公司订货。没想到,老板听了之后,只是点了点头,淡淡地向岳梓表示了有所保留的认可。

岳梓很不理解老板的反应,于是鼓足勇气问道:"我们的业务是销售纺织品,难道您不喜欢我的客户?"

老板哈哈一笑,然后拍了拍岳梓的肩膀,鼓励道:"不是,只不过你把主要的时间和精力放在一个每次只订几百匹布的制造商身上,值得吗?请把注意力盯在一次可订 5000 吨布匹的大客户身上!"

岳梓马上懂了老板的意思，老板是希望自己多拿一些大订单，创造更高的利润。于是，岳梓把手里的小客户交给了自己的下属，自己则努力去寻找那些能给公司带来巨额利润的大客户。功夫不负有心人，他做到了，为公司赚回来了比原来多几十倍的利润。当然，他的业绩提成也非常可观。

在职场里，如果你想创造出更好的业绩和成果，如果你想更快地取得更多的成功，就一定要把你的时间和精力都花在最有生产力、最有价值的地方。

歌德曾经说过："我们都拥有足够的时间，只是要好好地善加利用。一个人如果不能有效利用有限的时间，就会被时间俘虏，成为时间的弱者。一旦在时间面前成为弱者，他将永远是一个弱者。因为放弃时间的人，同样也会被时间放弃。"

如果你想在工作中收获好的业绩与成果，就一定要在价值最大的事情上投入最充分的时间。当你能高效地利用时间时，你对时间就会获得全新的认识，知道每一秒钟的价值，算出每一分钟究竟能做多少事情。

美国伯利恒钢铁公司总裁查理斯·舒瓦普向效率专家艾维·利请教道："有没有让我更好地执行计划的方法？"

艾维·利对舒瓦普说："有，而且我可以在十分钟之内把这个方法教给你。"他一边说着一边给了舒瓦普一张白纸，然后让舒瓦普在这张白纸上写下他明天要做的几件重要的事。

舒瓦普用了五分钟，然后把他明天要做的重要的事写在了白纸上。艾维·利接着说："现在用数字标出每件事情对于你和公司的重要性的次序。"

舒瓦普又花了五分钟，才按照事情的重要性，从最重要到相对而言最不重要，一条一条标好了序号。

看到舒瓦普完成了这一步，艾维·利便说道："好了，把这张纸放进你的口袋，明天上班开始，你的第一件事是把这张纸条拿出来，马上做上面的第一项，也就是对你或者你公司来说最重要的事情，直至把它完成好为止。然后用同样的方法对待第二项、第三项……直到你做完为止。如果只做完第二件事，那不要紧，因为你总是在做最重要的事情。"

舒瓦普点了点头，答应对方自己一定会这样去做。最后，艾维·利对他说："请你每一天都这样做，直持执行一个月以上。到时候，如果你相信这种方法有价值的话，让你公司里的员工也这样做。这个试验你做多久都可以，但一定要坚持一个月以上，然后给我寄一张支票来，至于支票上填多少数额你决定，你认为值多少就给我填多少上去。"

一个月以后，艾维·利收到了舒瓦普寄来的一张 2.5 万美元的支票（注：舒瓦普生活的时代，一名美国普通工人的年收入是 200 至 400 美元）和一封信。舒瓦普在信上说，那是他一生中学到的最有价值的一课。

五年之后，伯利恒这家一直默默无闻的小钢铁厂，一跃成为当时世界上最大的独立钢铁厂。

研究发现，不仅仅是查理斯·舒瓦普、艾维·利，其实几乎所有取得了伟大成就的人，都善于以分清主次的办法来统筹时间，然后每天都把时间用在"最有生产力"的地方。

在职场里的我们，每天都要面对大大小小、纷繁复杂的事情，怎样才能更有效地分清主次，把时间和精力用在最有生产力的地方呢？有成功人士教给我们三个判断标准，具体来说就是，每天都可以问自己三个问题：我需要做什么事情？什么事情能给我最高的回报？什么事情能给我带来最大的满足感？

"我需要做什么事情？"这句话有两层意思：第一层意思是，"这件事是必须要做的吗？"如果是必须要做的事，那么就继续问自己第二层意思，"如果必须要做，是不是一定要由我亲自去做？"如果别人也可以去做，就不妨委派别人去做，自己只负责督促。

"什么事情能给我最高的回报？"这句话提醒我们，应该用80%的时间做能带来最高回报的事情，而用20%的时间做其他事情。所谓"最高回报"的事情，就是"最有生产力"的事情，就是符合"目标要求"或自己会比别人干得更高效的事情。

"什么事情能给我带来最大的满足感？"这句话启示我们，最高回报的事情，不一定都能给你带来最大的满足感。因此，无论你地位如何，总需要在令你满足和快乐的事情上分配时间，你才会觉得做起事来兴趣盎然，充满激情。

通过这三个问句作为"三层过滤"，任何一件你面对事情的重要程度，对你来说就很清楚了。然后，你就以事情的重要性优先排序，并坚持按这个方法去做。一段时间之后，你会发现，你已经成为管理时间的高手。

让工作秩序化：做好任务清单，照单"做菜"

你是否发现，在职场里，有很多看起来才华一般、能力并不是很出众的人，最后所取得的成就却要比那些看上去才华横溢、能力超群的人大得多？当然，成功一定有方法，失败一定有原因。那些职场成功者之所以能成功，之所以能在工作上屡屡取得令人叹服的佳绩，是因为他们已经养成了有条不紊的工作习惯，总能让工作有秩序地进行，所以，这类人士也就更能有效地利用时间，把工作做得更好。

让自己的工作秩序化，执行起来更有计划性、条理性，这不仅仅是一种良好的工作习惯，更反映出了你积极的工作态度。然而有时候，工作的好坏，并不完全取决于你的态度，如果你做事缺乏计划性、条理性和逻辑性，不懂得统筹安排你的时间，无论做什么事情都很随意，那么你的职场生活将陷入混乱，你的工作很容易变成一团乱麻。

于喆是某公司的销售部经理。尽管他已经当上了经理，业务能力也很强，以前也曾做出过很优异的业绩，但在工作上，他依然没能做到有计划性和秩序化。我们不妨看一看他这一天的工作内容。

这天早上，他来到公司坐到自己的座位上，便很不耐烦地看着桌子上的一大堆资料。不过，尽管这些资料让他很头疼，但他还是强迫自己拿了起来，然后认真审阅。这堆资料他看了不到一半时，他突然想起来有个客户说要给他发电子邮件。于是，他随手打开了电子邮箱，发现里面确实有几封新邮件。他耐着性子进行了一一回复。

他回复完了邮件后，准备继续看桌子上这堆还没有看完的资料。这时，他的助理走了进来，对他说："于经理，有位客人说要见一见您。"

于喆已经被那些电子邮件和桌子上的资料搞得有些心烦意乱了，这时又突然想起来一个小时后还要去面试几个来公司应聘业务员岗位的人。他于是跟助理说道："你让客人先在会议室等一会儿，我马上过去。"

又过了半个小时，他终于把那堆资料看完了。但是，这时候的他居然已经将会客这件事情忘得一干二净了！待助理第二次来催他时，客人已经有些不耐烦了。于喆只好马上放下资料，赶到了会议室。

当他走进会议室时，看到客人正在房间里来回踱步。于喆一脸职业微笑地对对方说："让您久等了，真是不好意思，今天太忙了，实在抽不出时间。"

客人听完这句话后，淡淡地说："既然你没有时间，那我们改天再谈好了！"说完，客人就转身离开了。于喆对这件事丝毫没有在意。而是马上回办公室，准备过一会儿去面试应聘人员。

第二天，公司总经理把于喆请到了办公室，对他说，昨天来找于喆的那位客人，是一位有意与公司合作的大客户。然而，于喆对那位客户的怠慢，让该客户内心很愤怒，进而对于喆的公司失去了合作的信心。客人回去之后，马上就决定不再和于喆的公司合作。于是，公司就此失去了这个大客户，这给公司造成了非常大的损失。

因为这件事情，于喆受到了公司严厉的处罚。其实，在此之前，由于于喆在工作上没有计划性、条理性，就已经让他在工作上出过很多次问题了。但由于之前出现的那些问题，都没有造成很严重的后果，所以公司也没有惩罚他，因此他也就没有太放在心上。但通过这次这件事，于喆也开始引以为戒了，很快便开始学习如何在工作中更有计划性、条理性，让自己工作起来更秩序化。

工作没有计划，不能把每天要做的事情分出个轻重缓急，就很容易让自己的工作秩序陷入混乱，然后让自己眉毛胡子一把抓，经常做出捡了芝麻丢了西瓜的事。执行没有条理，即使整天忙忙碌碌，也只是在低效地工作，甚至是在做无用功！反观那些职场成功人士，之所以工作起来很高效，就是因为他们更善于科学、合理地规划自己的时间，从而让自己的工作更有秩序地执行。

我们任何人其实都不是忙得一点儿时间也没有，以至于错过了最重要的东西，只是我们不会规划自己的工作而已。如果在一开始的时候，我们就能给自己编制一个任务清单，有秩序性地执行自己的工作，那么，这既有利于提高我们的工作效率，又可以大大简化我们的工作内容，还能够保证我们的工作不漏项，日事日毕，日清日高，不断做出好业绩。

怎样制作任务清单呢？方法其实很简单，就是毫无遗漏地将当天必须要做的事情逐一地列在表上，然后按照重要性标好落实的先后顺序。接下来，就是按照任务清单的列项，一件一件地执行、落实。待完成了一件，就在清单上打一个对号，依此类推。这种方法虽然简单，但还是要注意一些细节。

例如，要先做最重要的事情，先把关键性任务完成，又或者说在工作中要以具有战略意义的重要活动或事情为中心。当然，你还要给自己预留出一定的准备时间和机动时间，以备不时之需。

又如，你应该对要做的事情进行定位，比如哪些工作是可以分配给别人执行的，哪些是只能由自己落实的，而且是一天之内必须完成的，哪些是相互关联可以一起做的，而且不管做什么事情，都要安排充分的时间，不能把任务安排得过于勉强和紧张，不必强迫自己一两个小时内完成一天的工作。条理分明，按照任务清单来"做菜"才是最重要的。

再如，适当处理好一些"插单"事件。一些"插单"之事，比如你突然想起来要给某某某打电话，或者想吩咐助理去做一些什么事……大多不在计划范围之内，但却很可能会影响你执行重要事项的速度，耽误你做最有价值的事情的时间。所以，对于"插单"之事，如果不是十万火急要马上去做的，完全可以暂且搁下，先完成最重要、最有价值的工作再说。

当一天结束之时，你可以按照任务清单，对当天的工作进行清理，看一下完成的情况。同时，你还可以研究一下第二天的日程，对接下来的工作先有一个整体的印象。

总之，每个人的精力与时间都是有限的，每个人的能力也各有高下。然而，在职场里，你能够拥有更好的前途，依靠的主要是你能否高效地利用有限的时间和精力。而当你在工作过程中能够条理分明、秩序井然时，你就可以在同样多的时间内做更多的更有价值的工作。于是，你便成了典型的"低投入，高产出"的员工。这样的员工，试问哪家公司会不抢着要呢？

专注出高效：集中精力，一次解决一件事

读过金庸武侠小说《射雕英雄传》和《神雕侠侣》的人都知道，单纯憨实的郭靖与美丽脱俗的小龙女都分别在机缘巧合之下，从"老顽童"周伯通那里学到了一门叫作"左右互搏之术"的武功。金庸在小说里写道，这门武功一旦练成，能让练习者的战斗力至少增加五成。这门武功最有意思的就是入门阶段的练习方法，它要求练习者一手画圆，一手画方。

心理学上有一个名词可以概括"一手画圆，一手画方"的现象——注意分配。什么叫注意分配呢？就是在同一时间内把注意力分配到不同的对象上面。但实践证明，"左右互搏之术"只能存在于武侠小说里，在现实中几乎不可能存在，仅仅是"一手画圆，一手画方"这种一心二用的动作，就几乎没有人能做到。不相信？你不妨马上试一试。

在职场上，有着成千上万的失败者。他们之所以失败，并不是因为他们没有才干，而是因为他们没有集中精力专注地去做最应该做的工作，他们过于分散自己的精力，从未醒悟。其实，如果把那些七零八碎的欲望消除，用自己所有的精力和时间集中去培植一粒种子，那么它将来一定会结出美丽丰硕的果实。

有很多人总想着一次能同时完成好几件事情。然而事实证明，想同时完成好几件事情，结果只能是每一件事情都做不好，最后只能返工，结果投入进去的时间和精力变得更多了。职场成功人士往往一次只做一件事情。因为他们知道，专注才能出高效，集中精力和时间只做好一件事情，

远比没头没脑地围着几件事情打转，更节约时间，产出也会多很多倍。

美国戴尔公司董事会主席兼CEO迈克尔·戴尔在一次员工大会上曾这样说："专注，具有神奇的力量，它是一把打开成功大门的神奇之钥！它既能打开财富之门，也能打开荣誉之门，还能打开潜能宝库之门。在这把神奇之钥的帮助下，我们已经打开了通往世界所有各种伟大发明和成功的秘密之门。"

盖尔克是西门子中国区的首任销售总经理，为德国西门子公司的电器产品打入中国市场立下了汗马功劳。因此，西门子公司也给予了他非常高的评价、非常大的荣誉和非常多的奖励。可以说，他名利双收。

有记者在采访他时问他："您能和我们分享一下您成功的秘诀吗？"盖尔克回答道："秘诀谈不上，我从1983年开始就在西门子工作。一直以来，有句话被我当作座右铭：'工作要专心致志，要在从事的工作中寻找乐趣，要有改变现状的决心，要能找到解决问题的方法，要有实际的行动。'这么多年来，我一直坚持这样的信念，我在西门子的市场部、产品部、产品销售部都工作过，如果说真的取得了一点儿成绩，我觉得这就是其中的原因吧。"

如果你不甘平凡，如果你的需求合乎理性且十分强烈，那么"专心"这种力量将会帮助你脱颖而出。把精力放在一件事情上，全身心地投入并积极地希望它成功，这样你的心里就不会感到筋疲力尽，并有着极高的成功概率。

然而，在职场中的你，是不是总觉得有做不完的事情？你是不是经常认为，这件事应该做，那件事也拖不得？你是不是已经被纠缠在各种各样的事情当中，搞得自己疲惫不堪？

贪心的猎人总是想同时追到向四个方向跑的兔子们，结果只能是一无所获。一个人的精力总是有限的，绝对不能"吃着碗里的，瞧着锅里的"。一定要及早改掉贪多求快的坏习惯，无论有多少事情等待着你去处理，你都应该集中精力,坚持一次只做一件事,彻底完成了这件事之后,再开始做下一件事。

如果你在写工作报告,就不要听你喜爱的音乐;如果你在赶着明天要交的财务报表,就不要同时想着怎么修理刚刚罢工的电脑。全心全意地体验一下那份专注,等完成了工作,你才能体会到那份闲适和轻松,生活原来是这样简单明了。

经验丰富的园艺师都会把许多能够开花的枝条剪去。他们为什么要这样做呢?它们不是一样可以开出美丽的花朵吗?这是因为他们剪去其中绝大部分,才能将所有的养分集中在剩下的花蕾上,当这些花蕾开放后,就会变为稀有、珍贵的奇葩。否则,将来在收获上的损失,是这些枝条损失的无数倍。

就像培植花木一样,与其把你所有的精力分散到许多无关紧要的事情上,还不如看准一件最重要的事,然后马上集中精力去落实它。这样做,我们必定能收到良好的效果。

如果你想要获得伟大的成就,就一定要学会拿起剪刀,把所有没有把握的希望都剪除,即使那些已经稍有头绪的事情,也要忍痛剪掉。那些失败者之所以失败,并不是因为他们没有才华和能力,而是因为他们不愿意集中精力去做好一件事情,他们总是习惯于把精力向四面八方分散,却一直"不知悔改"。

任何人的精力都是有限的,把精力分散在好几件事情上,不是明智的选择。只有把精力集中到一个焦点上,才可能有所收益,有可能突破工作上的困境。优秀的员工都懂得"倾注全部精力于一件事情上才能达成目标"的道理,并总能在执行上做到这一点;优秀的员工也习惯于利用自己那不屈不挠的意志和持续不断的恒心,去争取生存竞争的胜利。

怎样避免分散时间和精力,陷入多头并举的局面呢?经验丰富的成功人士们往往采取两种解决方法的其中一种。采取哪一种,视干扰性事务的重要性和紧迫性而定。所谓"干扰性事务",就是突然插进来的事务。如果干扰性事务比手头正在做的事情更重要,就马上着手去做,等做完了这件干扰性事务,再继续做原来的工作。如果干扰性事务不如手头上正在进行的工作重要,那么先把干扰性事务置于一边,等完成了手上的事情后再去做。怎样判断一件事务的重要性呢?在其他节里已经有相关内容,这里不再详述。

总之,要想让自己总是保持高效率的工作状态,就一定要让自己工作专注,集中时间和精力,一次只完成一件事情。切记,专注,是高效率工作的必备条件;专注,才能产生高效。

第七章

轻松适应

公司期待从容应对变化，
我适应力强

Easy adaptation

想要职业成功，首先拥有强大的适应力

在职场中，我们常常会面临角色的转换与环境的改变，有时是从学校到企业，有时是从一家企业到另一家企业，有时是从一份工作到另一份工作。这时候，我们最容易犯的错误就是将过去的成功和经验用于新的角色与环境中，结果导致自己处处碰壁，遭遇到很大的瓶颈和障碍。

要想迅速地在新角色、新环境中获得成功，就必须放下过去，抱着从零开始、重新学习的心态，培养自己对新角色、新环境的适应力。切记，任何人想要在职场里取得成功，首先都必须要培养起自己强大的适应力。

当一名员工进入一家用人单位后，需要在方方面面进行适应。但是，只要你能适应了这个地方的文化，就能迅速适应这份工作，很好地融入这个工作环境。我们以企业为例。任何一个国家或者地区，都有着自己独特的文化理念。其实任何一家企业也一样，同样有着自己独特的文化理念。

这种文化理念，是一家企业的灵魂和内涵所在，是一家企业能够不断向前发展的信念支柱，也是员工们热爱这家企业的源泉。任何一名新入职的员工，只有适应了一家企业的文化理念，才能以最快的速度融入这家企业，然后在自己的岗位上工作得更加得心应手。

麦基在美国麻省理工大学毕业前，曾在某公司进行过三个月的实习。在这三个月的时间里，麦基既对这家公司的业务非常熟悉，更对公司的文化理念有了深入的了解，并且已经基本适应了这家公司的文化。他原本打算大学一毕业，就直接到这家公司去正式上班的，这家公司也很希望他能

来上班。

没想到,就在他毕业之前的几天,他们一家人因为父亲的工作调度而必须要搬到很远的得克萨斯州。麦基的父母很希望儿子能和他们一起住,如果麦基同意父母的建议,就意味着他去不了之前实习的这家公司了。最终麦基还是选择了和父母在一起。所以,麦基领到毕业证后,就跟着父母去了得克萨斯州,并在得克萨斯州又重新找到了一份工作,去一家大型贸易公司上班。

刚来到一家新公司,麦基面对的一切都是陌生的——陌生的公司环境、陌生的同事、陌生的公司文化,这一切都需要麦基迅速去适应接受。

在新公司里,麦基非常谦虚好学,不断地向老员工请教一些问题,对公司核心的文化理念更是熟记于心。在工作中,麦基善于观察别人的做法,还勇于向上司提出自己的观点与想法。最重要的是,麦基正努力去适应公司的文化理念,希望自己能够以最快的速度融入公司。

这家贸易公司有一个很好的传统,就是各部门每天早上都要开一次晨会。在开晨会的时候,每个员工都有一分钟的发言权。麦基刚开始的时候不明白这一分钟的发言主要讲什么内容,因此刚开始的那几天,麦基只是默默地记笔记,认真地听老员工们的"一分钟演讲"。

时间过得很快,麦基已经在新公司入职一周了。这时,麦基已经发现,在晨会上没有一个人是在阿谀奉承这个公司的,也没有一个人在敷衍了事,每个人都在利用这一分钟说出对公司的不满之处,或者对某种模式的看法与意见等,这些麦基都认真地记在了心里。于是,仅仅过了一周,麦基已经基本上适应了这家公司的文化,比很多跟他同时入职的同事进步了很多。三年后,曾经能迅速适应公司文化,后来还为公司拿到过很多大订单的麦基,受到了公司的青睐与重用,不但加了好几次薪水,后来还成长为一名杰出的员工。

怎样才能更快更有效地适应新公司的文化理念呢?麦基最常用的方法

是，利用与老员工接触的机会，尽可能多地了解公司的文化，再加上自身的努力，所以他很快便适应了新公司的文化环境。除了向老员工多请教，其实公司也会进行一些相关的培训讲座与活动，让每一位新入职的员工，都能迅速了解、适应公司的文化理念，然后融入公司。

有职场研究专家曾做过一项重要的研究调查。这份调查说，就当代大学毕业生来说，在找到工作进入一家企业之后，在一年之内能够适应该公司的文化理念的人数仅占34%。这说明，还有相当多的毕业生在一年之内根本适应不了其所在企业的文化理念。事实上，这类人很难真正了解和接受一家公司独有的文化特点，因此也就很难适应这家企业的文化理念，从而很难在自己岗位上有较大的突破与成就。通常，我们称这样的人为患有"适应困难型"的人。

特别是对于一名新员工来说，如何在企业中尽快地表现出自己的才华与能力，在企业中得到长期稳定的发展，很大程度上取决于其对该企业的文化理念的适应力。所以，新员工应当主动地去了解这家企业的过去历史、发展战略、经营模式、人际关系等。这些都属于企业的文化特点。而只有了解和适应了企业的文化，你才能真正融入这家企业，从而加速你在职场里的成长，为你日后的成功打下坚实的基础。

总之，无论你是职场新人还是"老人"，一旦进入一家新的公司，就必定会面临着这个公司陌生的环境与文化，而要想快速融入这家公司，就必须正确地认知公司的文化理念，勇于接受公司文化，及时地调整自己的心态，从而快速地适应公司的发展方向，这是整个社会与每家企业对新入职员工的要求。

无能者怨天尤人，杰出者从不抱怨

你也许听说过这样的话：无能的水手抱怨风向，无能的工匠抱怨工具，无能的教练抱怨球员。为什么会抱怨呢？因为帆船大大地偏离了航向后，无能的水手不会觉得是因为自己没有及早做出应对措施而导致的；做不出好产品的工匠，会认为是工具不好，不会认为是自己学艺不精，能力不行；自己执教的球队成绩太差的时候，有些主教练却会把责任都推卸到球员身上，却不觉得自己的执教能力和水平有什么问题。

令人遗憾的是，无论怎么抱怨，如何推卸责任，也改变不了帆船已经远远地偏离了目的地的现状，改变不了产品质量差的事实，改变不了球队已经失败的命运。一味抱怨，除了让抱怨者成为一个"怨妇"，暴露了自己的无能，并给自己以及身边人带来消极负面的情绪外，什么好处也没有。

在职场中，我们也随时会看到喜欢怨天尤人的员工，经常能听到抱怨的话。有些人仿佛天生就爱抱怨似的，总是爱抱怨公司，抱怨老板和上司，抱怨工作难度太大，抱怨工作时间太长，抱怨管理制度太严苛，抱怨上级领导单位不近人情，抱怨客户不够配合……然而，再多的抱怨又能怎么样呢？要么于事无补，要么无法改变现状。

无能者怨天尤人，杰出者从不抱怨。如果你总是习惯了抱怨，不但会让自己和旁人的心情都变得糟糕，还会让自己一事无成。抱怨得太过火，让老板忍无可忍时，甚至可能会被用人单位解雇。

有一条生活在大海里的漂亮的蝴蝶鱼，每天都爱抱怨自己生活的环境，总觉在大海里生活，一点儿意思都没有。所以，它很向往大海之外的世界，很想离开大海，到外面去闯一闯，见识一番。

有一天，这条蝴蝶鱼被一名渔夫捕捞了上去。它居然非常高兴，认为自己终于可以逃出大海这个"苦海"，去享受自己的自由了。渔夫把它捉回去后，放在了一个鱼缸里。于是，它每天都在里面欢畅地游来游去。每天，渔夫都会往鱼缸里投放一些鱼虫。

看到有吃的，蝴蝶鱼非常高兴，便不停晃动身子，向渔夫展示自己漂亮的外衣，以讨渔夫的欢心。渔夫看着很高兴，便又撒了一大把鱼虫进去，喂给它吃。蝴蝶鱼一边大口地吃着美味的鱼虫，一边庆幸自己过上了自由自在的新生活。

时光就这样匆匆地过去了。有一天，蝴蝶鱼终于对现在的生活有些厌倦了。它开始抱怨鱼缸太狭窄，抱怨渔夫给自己吃的鱼虫太少。然而，它又不愿意再回到海里去。

没想到，渔夫在一次出海捕鱼时遇了难。渔夫的儿子准备搬家到别的地方去住。在收拾东西的时候，居然忘记了要带上这条漂亮的蝴蝶鱼。它使劲地游动，但始终没有人理会它，甚至没有人注意到它。

这让它感到很悲伤，于是又开始了新的抱怨，抱怨渔夫的儿子对自己不尊重，不管自己。后来它甚至对大海里的那些小伙伴们都抱怨上了，当初它决意要离开大海时，它们为什么不拦着自己呢？

总之，它现在每天都要抱怨这，抱怨那的。除了它自己，所有的一切都被它抱怨了一遍又一遍。从某一天开始，它在幻想，什么时候能有一个好心人路过此地，然后发现自己，把自己送回大海。即使不送回大海，只要把它养在大水塘里，让它每天都有美味可口的鱼虫吃，就足矣。然而，也不知道过去了多长时间，当这个家再次出现人类的时候，鱼缸里面的水都早已干涸。而漂亮的蝴蝶鱼呢？因为鱼缸里没有水，它早就被渴死了。

总是爱抱怨的人,是一个彻头彻尾的悲观者。抱怨是一种很糟糕的心态,也是一种很传播负能量的行为。无能的人才会整天怨天尤人,抱怨这,抱怨那。总爱抱怨的人,走到哪里都不会受欢迎。因为他们总是在指责,甚至推卸责任,而不懂得向前看,不会承担责任,所以,没有人会喜欢这样人。

抱怨、指责、推卸责任,都是无能的代名词。如果你在工作中遇到问题,或者人际关系不好,你要考虑的应该是怎样去解决问题,怎么去缓解、修复与他人的关系,改善自己的工作与生存环境,而不是整天地怨天尤人,把所有人和事,都变成被你抱怨的对象。

哈维是美国《纽约时报》的著名专栏作家。有一次,他在机场排队等候出租车。很快,一辆出租车停在了他的面前。他马上观察起了这辆出租车,用眼睛扫了扫车子内外的状况,包括司机。这辆车从外到里都挺干净的,尤其是车内,干净得仿佛一尘不染。司机则衣着整洁,衬衫和裤子都熨烫得十分平整。

司机从驾驶座上迅速下了车,为哈维打开了后车门,同时递给了他一张卡片:"我是您的司机格林,在我给您装行李的时候,希望你能阅读一下我的工作介绍。"哈维一看,只见卡片上写着这样一行字:"格林的任务是让我尊贵的顾客沉浸在愉快的氛围中,通过最快捷、最安全且最廉价的路线,到达顾客的目的地。"

哈维觉得这真是新鲜。坐到出租车后排时,司机格林问哈维:"要不要来一杯咖啡?热水瓶里有加糖咖啡与无糖咖啡两种。"哈维说:"不需要,我平时更喜欢喝饮料。"结果司机对他说:"没问题,在小冰箱里面有可乐、矿泉水与橙汁。你想喝哪一种都可以。"

脸上露出惊讶表情的哈维说:"那我来一杯可乐吧。"然后,司机给他递了一罐冰镇可乐,并对他说:"车上有《华尔街日报》《时代周刊》《体育画报》《今日美国报》等报刊,你想看的话可以拿来看。"

车子出发后，司机又说："想听音乐可以告诉我，在歌单上的歌我在车上都能播放。"说着给了哈维一张歌单。哈维说不用听。接着，司机问哈维，车内的温度是否合适，在得到了肯定的答复后，司机又告知了哈维到达目的地的最佳路线。

"格林，你一向都这样为乘客服务的吗？"哈维有些好奇地问道。司机回答道："不，实际上最近两年我才这样做。在之前的五年里，我和很多出租车司机一样，总是爱抱怨。但我发现，几乎没有乘客爱听我抱怨，无论我抱怨的对象是谁。每天就是这样，对着这个乘客抱怨，对着那个乘客抱怨，喋喋不休了五年后，我有一天突然感觉，如果自己继续这样抱怨下去，人生可能就被自己毁了。于是，我决定改变自己。怎么改变呢？变成一个想方设法把服务做到极致的司机！"哈维恍然大悟。

你在坐出租车的时候，也一定希望车上的司机是一位积极向上、乐观开朗的人吧。因为和这样的人同行，能让自己有一个愉快的好心情。谁也不希望旁边坐着一个不停地抱怨这抱怨那的、喋喋不休的家伙。

在职场里其实也一样，谁也不想和一个整天只知道抱怨却不去改变的人相处。杰出人士从来不会抱怨，他们无论遭受了什么样的不幸与不公，遇到了什么样的困难与挫折，都绝不抱怨，而是迅速想方设法从消极中解脱出来，把该解决的问题尽快解决。

切记，抱怨没有任何意义，只会显得你无能。一个人只会因为整天抱怨而失败，而绝不会因为怨天尤人而成功。所以，无论你经历了什么，请尽可能不要抱怨。当你能够不去抱怨，而是努力想办法解决问题时，你已经离成为杰出人士又近了一步。

不是工作来适应你,而是你去适应工作

2009年11月16日,大名鼎鼎的NBA(美国男子职业篮球联盟)超级巨星阿伦·艾弗森用倔强的语气,一字一句地对身边的老板和主教练说:"在过去的十三年NBA生涯里,我从来都是主力,过去是,现在是,将来也必须是!如果你们希望把我从主力位置上赶下来,那么我想我是无法完成自己的任务的。"

在说出这些话之前,他所在的球队孟菲斯灰熊队的高层刚刚和他终止了合同。这份合同是2009年9月9日签的,才执行了两个月多一点儿。在加盟灰熊队之前,他曾为底特律活塞队效力了一年,后来之所以离开活塞队,原因就是主教练要让他打替补。

从整个职业生涯来看,艾弗森确实有值得其骄傲的地方。在他进入NBA后的十多年里,他一直都是NBA的招牌人物之一,在全世界都有着无数的"忠实粉丝"。而他给NBA联盟注入的街头文化,为稍显沉闷的NBA带来了商业性的嘻哈元素。

在NBA职业生涯的前十三年里,他拿到了几乎所有的荣誉。但是很明显,2009年的NBA已经不再是艾弗森的天下了。此时,NBA联盟的新生势力强势崛起,已渐渐取代了他以及他们那一代的地位。

在一个"后浪"接着一个"后浪"袭来的过程中,艾弗森渐渐失去了自己的优势。他先后效力的底特律活塞队和孟菲斯灰熊队,老板和主教练都为了培养新人,而一再地说服艾弗森,希望他能"从替补席上为球队做

出贡献"。

然而，倔强的艾弗森毫不客气地拒绝了这样的建议。结果，他连续被自己所效力的球队辞退。最后，灰熊队老板仅仅花费了16万美元，就和他解除了之前签订的一年合同。要知道，在半年前，他一年的身价还高达2000万美元。这前后形成了鲜明的对比。

更为糟糕的是，他因为坚持要让自己作为主力出场，使得所有人都将他看成是一个"自私的人"和"会破坏球队整体和谐的危险分子"。结果，NBA联盟没有球队再愿意冒险去雇用他。最终，艾弗森去了没有多少人关注的土耳其联赛的某个球队。在那里，他的年薪只有200万美元。但在土耳其联赛他也没打够三个月，就因为小腿受伤，回美国治疗，提前结束了合同。

就这样，曾经叱咤风云的NBA一代球场领袖，因为不能顺应环境的变化，不能适应年龄的变化，不能适应时代的变化，仍然沉迷于自己的旧日辉煌之中，致使自己沦落到了几乎无人问津的地步。

这启示了我们，很多时候，如果我们没有足够的实力，或者已经不具备足够的实力时，我们不太可能让公司或团队来适应我们。如果我们坚持不去适应别人，就只有被淘汰出局的命运。

如果你想在职场中更好地生存和发展，进而取得自己最想要的职业成功，就一定要拥有很强的适应力。另外，无论在什么时候，我们都不妨记住这样一段话：不是工作来适应你，而是你去适应工作；不是公司来适应你，而是你去适应公司；不是环境来适应你，而是你去适应环境；不是时代来适应你，而是你去适应时代。

对于员工来说，无论是初入职场的新员工，还是跳槽后刚到新公司的职场资深员工，肯定都希望自己拥有一份这样的工作：完全符合自己的兴趣、爱好、特长；自己想什么时候请假，单位就会立刻批假；自己什么时候不想加班，单位就一定不会让自己加班；自己希望有很好的福利待遇，就会得到相应的很好的福利待遇……但事实上，这样的愿望不可能实现，因为工作永远不可能来适应你，要想在职场上生存下去、发展良好，唯一的办法就是主动去适应工作、适应公司、适应环境、适应时代。

无论你身处哪一个行业，从事什么样的工作，都一定要有一个正确的认识，那就是：工作永远都不可能来适应你，如果你想得到迅速成长，尽快脱颖而出，就必须主动去适应工作。无数事实证明，越是能主动去适应工作的人，机会就越多。

在美国百老汇，曾经有一位导演告诉一群前来面试的舞蹈演员说，他需要一个能驾驶着摩托车穿过燃烧的房子，然后逆风狂飙的女演员，作为他一部新戏的女配角。

听了这位导演的要求后，绝大部分前来应聘的女孩子都感到很失望。导演对这个角色的要求太高了，根本不是一般人可以完成的。

在这些舞蹈演员纷纷离开时，导演发现有一个女孩子留了下来，还果断地脱掉了她脚上的舞鞋。导演感到很奇怪，就走过去问她为什么要这样做。

女孩回答道："既然你们需要的不是舞蹈演员，那么我就脱掉舞鞋，做你们需要的演员。"这个女孩，就是后来成为世界著名动作明星的安吉莉娜·茱丽。她主演的《古墓丽影》成了很多人心目中无法超越的经典。

从她脱掉舞鞋的这个举动，我们就能看出她的成功绝对不是偶然。她的成功启示世人，只有随时调整自己，主动去适应工作、配合工作的人，才会有更大的发展。切记，职场不是你的家庭，也不是你求学期间的校园；职场意味着有要求、有标准，只有你适应了这些要求与标准，才有可能获得快速的发展，梦寐以求的成功。

再不起眼的工作也能做出好成绩

在职场里,无论一份工作看起来是多么不起眼,又或者被有些人看得多么卑微,只要你能够用心去做,把它做到谁也比不上你的程度,你也同样能做出令人惊叹的好结果。如今这个时代,无论你身处多么平凡的岗位,只要你想方设法努力地把你应该做的事情做到极致,就一定会有无数人尊重和认可你。相反,一个人即使身居高位要职,假如他对工作很不用心,经常对工作应付了事,也照样做不出什么成绩来。

在当今这个时代,职场里的工作早已没有了高低贵贱之分,而任何一个岗位,只要存在就一定有其合理的原因。当你被安排到了某个职位上时,即使是最底层最不起眼的位置,只要你下定决心把这个位置上的工作做到尽可能好,你的职业前途照样是光明的。因为只要你在正确的事情付出过人的努力,就一定会有相应的回报。

20世纪50年代初,有一位叫柯林的年轻人,每天很早都会前去卡车司机联合会大楼找临时工作。后来,有一家百事可乐生产工厂需要擦洗工厂车间地板的工人。在现场的其他人都没有去应聘这个岗位,但柯林去了。因为在他看来,无论做什么,只要努力去做,把它做到最好,就总会有人注意的,也一定会有回报。他打定主意,一定要做最好的擦地工人。

有一次,车间里有人打碎了五十箱汽水,结果弄得地板上全都是黏糊糊的可乐泡沫。虽然柯林对此内心非常生气,但他并没有表现出来,而是耐着性子把地板全都擦干净了。而他用心工作的表现,正好被公司的一位

第七章 轻松适应
公司期待从容应对变化，我适应力强

领导看到了。在详细地了解和考察了柯林以后，公司第二年便把他调往了装瓶部。第三年，公司又把他升为了副工长。

许多年后，曾有一段时间里，全世界的目光都集中在了他身上，他就是美国前国务卿柯林·卢瑟·鲍威尔。他在自己的回忆录中写道："一切工作都是光荣的，只要永远尽最大的努力去做每一件事情，你一定会有所成就。"

现在很多年轻人在大学毕业刚进入职场时，都认为自己是天之骄子，应该一到公司就被安排在主管、副经理之类的职位，以为只有在这样的职位，才能发挥出自己的学识和能力。他们对于基层员工、生产线工人、普通业务员之类的工作总是嗤之以鼻，不屑一顾，觉得自己干这种不起眼的工作，简直是一件有辱身份的事情。

但是，按照职业生涯的发展规律来看，无论是谁，该经历的阶段，一个都缺不了。事实上，无论你是久经职场的精英，还是初入职场的菜鸟，当你进入一家公司工作时，大多数情况下，你只能从最底层的工作岗位做起，只有当你的能力、经验与业绩都得到了很大的提升时，公司才会提拔你，委你以重任。这是一个人才的成长过程，很难跳过某一个阶段，直接进入下一个阶段。

其实，现在这个社会，所有正当、合法的工作都是值得尊敬的，没有人会否认或贬低你的价值，关键在于你是如何对待自己的工作的。我们下面看一看某留学美国的计算机学博士，是怎样面对博士毕业后自己的第一份卑微的工作的。

李成在美国留学读博士时，主修计算机专业，辛辛苦苦学了好几年，现在总算是毕业了。然而，李成虽然拿到了响当当的博士文凭，但是工作却并没有那么好找。他每每去应聘的时候，都会被大公司拒绝。眼看生计要没了着落，这个滋味还真是不好受。于是，他琢磨了半天，终于想到了一个绝妙的方法。

他决定先把自己所有的学位证书都收起来，然后以一个计算机专业中专毕业生的身份前去求职。这个方法还真管用，很快便有一家公司的老板同意录用他。到这家公司上班后，老板安排李成做一名程序输入员。这项工作对他来说真是太简单了，简直是"高射炮打蚊子"。不过，他还是一丝不苟、勤勤恳恳地把老板交代给自己的每一项工作都尽量做到最好。

老板很快便发现李成这个新来的程序员很与众不同。有一天，老板发现，李成居然能看出程序中的错误。这时，李成掏出了自己的学士学位证书。老板于是二话没说，便立刻给他换了一个与大学本科毕业生专业对口的岗位。

又过了一段时间，老板发现李成还能时不时地为公司的技术人员和管理人员提出许多有价值的见解，这可不是一般大学生的水平啊！这时，李成又亮出了自己的硕士学位证书。老板看了之后又提升了他。他在新的岗位上干得很出色，但老板总觉得他还是与其他人不一样，怎么看都觉得他非池中之物。于是，老板把他叫到了自己办公室，和他交流了一番。这时，李成才拿出了自己的博士学位证书。

老板这时才对李成的学历程度、实力水平有了一个全面的认识，最后，他毫不犹豫地重用了李成，提拔他当了公司的副总经理！

在这个案例里，李成并没有因为自己的第一份工作看起来毫不起眼，就对工作有丝毫的懈怠与马虎，而是选择在自己的工作岗位上踏踏实实、认认真真地做事。后来，他在工作中做出了一系列的好成绩，获得了老板的赏识、提拔与重用。

可见，即使工作再不起眼，只要你能抱着一颗平常心，静下心来好好地干，认真地干，照样能做出一番令人惊叹的成绩来。

当然，尽管工作没有高低贵贱之分，但是在你找新工作的时候，你需要注意的是：这份工作是否真的适合自己。只有真正适合自己的工作，你才能通过努力，干出非常不错的成绩。否则，无论你怎样努力，都只能是在做无用功，浪费你的时间和精力。

总之，工作没有大小之分，没有贵贱之别。任何一份工作，不管它看起来是多么不起眼，只要你能不放松对自己的要求，倾心付出，即使是像扫地、倒水之类的工作，你也能充满干劲地做，并且能全力以赴地把它做到极致。

越早适应新生活，越早品尝好成果

你是否遇到过类似于这样的情况：当你面对生活或工作的巨大变化时，由于一时适应不过来，然后迷惑不解、怨天尤人、到处倾诉时，有一些很快就适应过来的人，已经把一些本来属于你的机会都拿走了。

在我们人生路上，无论是生活还是职场，如果不能尽快适应新的变化，就容易让自己的生活或工作陷入被动。而如果你能够比大多数人都要更快地适应，你就一定能比其他人更早收获到更多的回报。

我们人类所居住的这个环境，要求我们每一个人都要努力去适应。如果适应力太弱，当这个世界给你制造出一堆阻碍时，你可能会因为适应不了而被困难击倒；如果对于周围环境有着很强的适应能力，那么即使我们本身再弱小，也能在残酷的冬天里分享到一股股暖暖的阳光。简单直接地概括就是，越早适应，越早收获。

在 2009 年愚人节过后的第十天，一个胖胖的中年妇女站到了"英国达人"的选秀舞台上。她看上去非常笨拙，却又颇带"喜感"。在她没有开口唱歌之前，台下充满了苛刻、尖锐、嘲讽和耻笑。然而，当这位其貌不扬的歌手一开嗓，就用自己饱含感染力的嗓音俘获了所有人的心，她那极具穿透力的歌声给了那些质疑者一个响亮的耳光。

最终，这位女歌手顺利闯进了这档节目的决赛，只是最终以微弱的劣势屈居亚军。作为一位当时快 50 岁的单身女性，能在英国王室的注目之下，勇夺"英国达人"亚军，已然相当了不起。通过这次选秀，这位歌手迅速红遍欧美乃至全球。数以亿计的人都记住了她的名字——苏珊·波伊尔。当然，大家更喜欢亲切地叫她"苏珊大妈"。

　　一举成名天下知，苏珊大妈的生活发生了巨大的变化。新闻媒体、各大网站对她进行疯狂报道，大大小小的摄像机则都指向了她那间狭小而简易的房子。对于自己的突然爆红，她显然还没有做好准备。面对不停闪耀的镁光灯，她显得十分紧张，为了应付这突如其来的状况，她甚至躲进了一家修道院。

　　这个阶段的她，还完全不能适应明星的日常生活，所以也让她蒙受了巨大的经济损失。曾经有人估算过，苏珊大妈在一举成名之后，由于最初几个月的生涩、不适应，她的直接损失超过 50 万美元。

　　刚开始，她对于镁光灯下的生活很是排斥。但一段时间后，当她想明白了作为一名歌手，就是应该主动适应如何与媒体打交道，习惯于被人索要签名和被粉丝追逐的生活，从此以后便开始努力地去适应新的生活。她还专门为自己聘请了经纪人，让他来打理自己的生活。

　　半年后，在亲友、经纪人的帮助下，她终于能够在面对媒体、歌迷时收放自如了。有了一个积极的银幕形象，再加上超高的人气，苏珊大妈的身价可谓一路飙升，自然就收益颇丰。全世界的电视制作人都渴望与她合作。当完全适应了明星的生活方式后，苏珊大妈的辉煌人生正式开始。

　　日本 NHK（日本放送协会）电视台为了邀请苏珊大妈登台献唱，给她提供了 500 万日元出场费。再算上诸如交通费、住宿费等开销，苏珊大妈登台一次，一共耗去了 NHK 电视台 1000 万日元。当然，NHK 电视台并没有做赔本生意。苏珊大妈的背后，是一个无比巨大的歌迷团体，NHK 电视台通过赞助商、歌迷购票等渠道赚回了所有的投资，还额外大赚了一笔。

　　据她的经纪公司透露，苏珊大妈每分钟的出场费是 8333 英镑。换言之，她站在舞台上的时候，每一秒钟可以收入 140 英镑！对新生活的适应，为苏珊大妈带来了令人羡慕的荣誉和金钱。通过登台表演，她顺利积攒下了一大笔财产，这在她成名以前，是完全难以想象的。

苏珊大妈的成功之路启示我们，越早适应新生活，越早享受好成果。

其实，我们每个人都需要拥有强大的适应力。因为在我们的人生路上，无论是上学、搬家、工作、跳槽、出差……每一次变化，都需要我们去努力适应。

迅速适应学校的环境，会为你取得好成绩打下坚实的基础；快速和新邻居打成一片，能给你带来更多快乐；顺利地融入新公司，可以让你在工作中表现得更游刃有余……可以说，一个人适应力的强弱，决定了这个人的幸福快乐指数，降低了变化给一个人带来的摩擦，从而获得了更高的生活质量。

主动"找罪受",更容易出成就

主动"找罪受"?看到标题里的这几个字,有些人可能很不理解,现在谁不想着安逸与享受呢?谁还会那么傻,主动地去"找罪受"?其实道理不复杂,一个人如果想要进步神速,就不能停留于安逸和自己熟悉的事情上,而要主动给自己重担去挑,给自己树立更高的目标,甚至让自己去做一些尽管自己很不愿意去做但却能有利于自己成长,未来会为自己带来巨大回报,赢得巨大成就的事情。

日本保险业连续十五年全国销售业绩第一名的原一平在年轻时,有一天去一座寺庙推销保险。他给一位老和尚介绍了大半天投保的好处,对方却依然一言不发。当原一平把话说完了,老和尚才平静地说:"你的介绍丝毫引不起我投保的兴趣。小伙子,请先努力去改造一下你自己吧!"

"改造我自己?"原一平大吃一惊。

"是的,你可以回去虚心地向你的投保户请教,让他们帮助你改造自己。我看你很有慧根,如果你能按照我说的话去做,日后一定能有大成就。"老和尚说。

原一平接受了老和尚的教诲,回去之后,他很快便策划了一个主题叫"原一平批评会"的聚会。在第一次举行的"原一平批评会"上,大家对原一平的批评,就让他缺点百出:"你的脾气太坏,而且容易粗心大意""你很固执,常常自以为是,你应该多听取别人的意见""你所面对的是各种各样的人,所以你必须要有丰富的知识。目前你的知识远远不够丰富，所以必须要加强学习，以成为别人的'生活指导者'""你为人处世不能太现实，太自私，也不能耍手腕或耍花招"……

大家给原一平提出来的每一条宝贵的"逆耳之言"，原一平都记录了下来，以便随时随地反省、激励自己。然后，他立刻把从"批评会"中获得的改进体现在每天的工作之中。结果，他的保险销售业绩直线上升，每周更新的公司业绩排行榜上，他都独占鳌头。

从1931年到1937年，"原一平批评会"连续举办了六年。到1939年，原一平的销售业绩荣膺全日本之最，并从1948年起，连续十五年保持全日本保险销售第一的好成绩。1968年，鉴于他过去在销售上的成就，他成为美国百万圆桌会议的终身会员。

找来一批投保户，然后让他们毫无顾虑地批评自己，指出自己的缺点与不足，同时还把所有的"逆耳忠言"都记录下来，用在销售的实践。这样做的原一平，也算是主动给自己"找罪受"了。实践证明，原一平坚持主动"找罪受"，让自己成了日本保险销售领域的销售冠军，并且连续十五年第一。可见，主动"找罪受"，更容易出成就。

我们再来看看下面这位为了更好地适应未来甚至主宰了自己的未来的人，是如何通过主动"找罪受"，让自己发生脱胎换骨般的变化的。

家境贫寒、急于摆脱现状的江何，在大学毕业后便进入一家企业的营销部门工作，因为他一直听说，做销售有可观的提成，卖得越多提成越多。但五年过去了，他几乎还在原地踏步！与他同期进入公司的营销部同事里，有的做了业务主管，有的成了区域经理，这残酷的现实令他感到非常沮丧。

更让他难受的是，他骨子里的自卑感一直制约着他，令他总是无法甩开袖子大胆去开展工作。身为业务员的他居然整天沉默寡言，每天出去跑业务都身心疲惫，却战果稀少。总是做不好这份工作的沮丧心情，令江何不知不觉产生了停滞不前的惰性，也让公司觉得他存在的价值不大，正准备找一个合适的时机将其辞退。

有一天，江何在书店里看到了一本书，这本书给了他很大的刺激和启发。他觉得自己很像书里面的一个主角：怨天尤人、不思进取、安于现状。于是他决定告别过去，改变自己，重新塑造一个崭新的自己。要彻底改变、重塑崭新的自己，其实就是主动"找罪受"，因为改变与重塑自我，是会令人非常痛苦的。

利用节假日休息时间，他去上了各种营销方面的专业培训班，学习营销的新知识与新技巧。为了弥补自己不善交流的缺陷，他想方设法在各种场合锻炼自己，无论大会小会，只要有发言机会，他都积极发言，表达自己的见解，不再像以前那样畏畏缩缩害怕出丑了。他开始在日常的工作、生活中主动与领导、同事交流切磋，不断改变、提高自己。

他在外形上也给自己做了一个崭新的改变。只见他穿上了闲置已久的西装，打上了漂亮的领结，头发梳理得光洁有型，让人一看就顿生好感。

他为自己制订了一个有序的作息时间表，内容包括：每天早上6点起床，6点30分吃早餐，吃过早餐后，阅读营销书籍一个小时，将近8点时到公司上班。晚上下班吃了晚餐之后做详细的工作总结和次日工作计划。

半年后，他迅速从销售队伍里脱颖而出，并在第二年晋升为销售主管，还被作为大区经理的预备人选纳入培养计划。他的周围也发生了不可思议的变化。他因为长期主动和同事们交流，原本排斥他的同事都逐渐乐意与他交往协作了。于是，他在工作上更得心应手，从而开启了自己职业生涯的新篇章。

主动"找罪受"，更容易成就自己。江何通过主动"找罪受"，一步一步地改变自己，整个过程必然是非常痛苦的，因为要和自己的人性的弱点斗争，但他最终改变了自己，重塑了自己，迎来了崭新的自己，走出了潦倒的人生困局。

职场里常有这样的现象：同时入职、同一工作环境、差不多背景的几名员工，后来却走出了完全不同的职业轨迹。有的员工成了老板最器重的人，高薪重位；有的员工却一直碌碌无为，从来没有被老板重视过。是什么造成了这样的结果？原因是两个字：态度！

如果把主动"找罪受"、不断改进自己变成一种工作与生活习惯，这个人未来一定会非常了不起。一名不断改进的员工，其魄力、能力、工作态度、负责精神都将会为他带来巨大的回报。一个不断改进的老板，不但会感染自己的员工与其一起改变日常的工作，还能让自己的事业每天都向前发展，不断壮大。

这其实就是主动"找罪受"、不断改进自己所产生的价值。试想，敢于给自己定更高的目标，敢于从最难的事情做起，有了这样的决心与行动，又有什么样的奇迹不会发生呢？

学会调整情绪与心态，把快乐融入工作

在工作中你快乐吗？你是否有过对工作总打不起精神甚至牢骚满腹的时候？你是否经常或者偶尔厌恶你的工作？如果你总是能在工作中寻找到快乐，那么恭喜你，你过着幸福和幸运的人生；如果你有时候感觉工作挺快乐，有时候又挺讨厌自己的工作，那么你会发现，大多数职场中人其实都会这样；如果你在工作中几乎没有快乐过，只是把工作当成是赚取薪水的工具，其实也没必要苛责，因为也有不少人会这样；但如果你总是感觉工作让你不快乐，让你厌烦、倦怠，你就要做出改变了。

法国思想家、文学家罗曼·罗兰很好地表达过快乐的真谛："一个人的处境是苦是乐，常是主观的，苦乐全凭自己的判断与感受。"除了你自己，没有任何人、任何事可以阻挡你得到快乐，包括工作。人生的大部分时间都是在工作中度过的，你如果在工作中找不到快乐，那你也很难在其他地方找到。如果快乐也要工作，不快乐也要工作，为什么不快乐工作呢？所以，请学会调整你的情绪，把快乐融入你的工作。

杰拉德在一家咨询公司里做分析员。一直以来，他都认为自己是在一个热门行业里从事着一份冷门的工作，自己是一个"微不足道"的角色，只是因为薪水还过得去，所以他才勉强留在这里上班。

每天早上唤醒杰拉德的都不是梦想，而是闹钟。他挣扎着爬起来，极不情愿地按掉闹钟，草草洗漱完后，对付着吃点儿早餐，便急匆匆去上班了。在公司里，当同事们都开始忙碌起来的时候，他才一边打开电脑，一

边在心里嘀咕道:"我真羡慕他们,这帮'假惺惺'的工作狂,这份工作就能如此让他们投入吗?"

对于自己负责的工作,他曾用六个字做了概括:搜集、整理、分析。首先,他要搜集客户、行业的信息与数据;接着,他要对这些凌乱的信息与数据进行整理;最后,他要对整理好的数据进行分析,提供给客户和公司的咨询顾问。

从入职开始干这份工作时起,他上看下看左看右看,都觉得这是一份价值不大、乐趣不多的工作。他常常向自己的好朋友拉尔夫抱怨,自己的工作既无聊又枯燥,每天上班的感觉真是糟透了。

拉尔夫则每次都开导他说:"你对工作的态度,其实就是对待人生的态度。如果你觉得工作很无聊,那么你的人生也好不到哪里去。别人能帮你提高你的工作能力,但没有人能改变你的工作态度,除了你自己。其实,每份工作都有着其某种独特的价值。你的工作的价值只是还没有被你发掘出来而已。"

每次听完拉尔夫的话,杰拉德总是若有所思地点点头。但是之后的工作情况依然没有什么改变,他还是感觉不到工作给自己带来的价值和乐趣。

由于拉尔夫和杰拉德有一段时间都特别忙,拉尔夫还出国工作了一年。所以他们已经很久没见过面了。当拉尔夫回国后,杰拉德便马上兴高采烈地找到拉尔夫,告诉他说,自己现在对工作的感受和看法都完全不一样了,如今自己每天都会情绪高涨地投入工作。

拉尔夫一听,特别为他高兴,连忙问他,究竟是怎么回事。杰拉德便跟拉尔夫说,一直以来,他总是觉得自己这份工作很没意思,但是最近他却突然发掘出了关于这份工作的许多意义与乐趣来。

刚开始时,他想起了拉尔夫之前对他说过的话,于是便开始认真地思考自己工作的价值。就这样想着想着,忽然有一天他发现这份工作其实并没有自己认为的那么糟糕。也许它对别人还是挺有帮助的,也是很有价值的。

于是杰拉德决心改变自己的工作态度,改变自己的工作状态,改变自己的生活。他要开始好好工作,好好生活。不过,当他开始改变自己时,才发现自己的知识储备原来很不够用。于是,他向专家学习,向老板学习,向同事学习,向客户学习。他不但在工作中学习,上下班的路上、吃过晚饭后,他也在学习。

不断地学习以及学以致用,杰拉德的业务能力得到了迅速提高,工作做得越来越出色。所以,他逐渐得到了老板、客户和同事们的认可。

半年过去了,杰拉德发现自己的工作能力已获得了大幅度的提升,自己对工作的兴趣也越来越大了。又过了半年,他竟然奇迹般爱上了自己的工作。他现在发现,自己当初蔑视工作、自暴自弃的想法真的是太幼稚了。而且当时的这种思想差点儿害了自己!幸好,悬崖勒马,然后亡羊补牢,他幸运地获得了新生。

杰拉德兴奋地继续说道,那些以前看似枯燥乏味的数据,如今在他眼中都充满了生机。因为他现在明白了,这些数据背后,都有着更深层次的意义。他对工作,是越思考,就越兴奋,觉得自己就像"探险家"一样,探索着商业数字背后的秘密。

最后他说,如今的他已然深深乐在工作之中,"不能自拔"了。他认为,能够有今天这样的巨变,根本原因是自己走出了正确的第一步:改变了自己对工作的态度,学会了调整自己的情绪。

工作就是这样,也许有时候它看起来很冷,但你可以用热情去温暖它,然后它就会给你以最大的回报;当你能够从心底里体会到工作的快乐时,你会发现到工作里更多的精彩。

快乐是人的一种心境,只要我们每天都能怀着愉悦的心情开始新的一天,怀着快乐的心情看待一天的工作与生活,我们就一定会体验到工作的快乐和生活的美好。

  所以,让我们学会调整自己的情绪,改变自己的心态,把快乐融入自己的工作,让自己每一天都拥有愉悦的心情,如此,我们将拥有一个充满幸福与成就感的人生。

第八章

不断进化

公司提倡好"学力",
我一直在学习中升值

Continuous evolution

"学力"胜于学历：会学习的员工前途更好

你刚离开校门成为职场中的一员时，是否有过这样的想法："现在开始工作了，终于不用学习了，真是太好啦！"初入职场的人里，有很多都会有这样的想法，以为工作了，就不用再学习了。殊不知，毕业不是学习的结束，反而是更重要的学习的开始。

在职场里要用到很多知识、技能、思考模式以及解决问题的基本方法等，都是学校里没教的。所以，想更快地适应职场环境，想让工作更容易上手，就必须要比在学校里更努力学习才行。

在职场里，善于学习的员工，发展前景要远远好于那些不懂学习的员工。在招聘一名新员工时，大多数用人单位都会比较关注这个员工的学历。然而，当一名员工加入企业这个团队后，其学历的重要性就远远比不上其"学力"，也就是学习能力。

学历，代表了一个人过去受教育的程度；学力，代表了一个人学习新知识、掌握新技能、适应新环境、融入新团队等的能力的强弱。学力，也就是学习能力，主要还是学以致用的能力。你学以致用的时间越短，你在职场里的竞争力就越强，你的发展前景就越光明。

我们稍稍留意就能发现，在职场里有很多新人，参加工作后就不再主动学习，不给自己"充电"。然而，你不学习不"充电"，但别人不断学习不断"充电"，即使你原地踏步，而别人往前走了，别人也会把和你的差距拉得越来越大。

第八章 不断进化
公司提倡好"学力",我一直在学习中升值

即使你刚开始时比同时入职的其他人有很大的竞争优势,但如果你不继续学习和成长,又或者你的"学力"较差,而一开始不如你的人,由于继续在职场里努力学习和成长,有着很强的"学力",同样也会反超你,跑在你的前面。

有一天,公司聘用了一名叫娇娇的年轻女孩来给黄期当助理。然而,黄期对上里上气的娇娇第一印象并不好,但由于是公司安排的,他只好接受了。只不过刚开始时,黄期即使自己手头上有一大堆的工作,也不愿意分一些给娇娇去做,而只是让她去做一些诸如擦桌子、扫地板、打开水之类的琐碎事情。娇娇对此并不在意,每天都快快乐乐地来上班,认认真真地做着黄期给她安排的任何事情。

拥有广告传媒专业本科文凭的娇娇,来这家公司工作其实专业上很对口。但是,黄期却觉得她的专业水平太差。有一次,娇娇做了一份简单的广告创意文案放在了黄期的办公桌上,想请他指正一下。没想到,黄期只粗略看了一遍,便把娇娇的广告创意文案扔到了垃圾桶里,认为创意太差,没必要浪费他的时间去点评。

没想到第二天,娇娇将修改过的广告创意文案又放到了他的办公桌上。黄期大致看了一下,感觉这次的文案比上一稿的要好一些,但依然不符合他的要求,所以他再次将文案扔到了垃圾桶里。但娇娇并没有放弃,几乎每天都会把比前一天有改进的方案摆到黄期的办公桌上。黄期则认为,娇娇每一次给他的文案,虽然都比前一次有所改变,但总体还是不行。终于有一天,他跟娇娇说她并不适合干这一行,她的创意没有一丝新意。听了这番评价之后,娇娇流泪了,但她没有选择辞职离开,反而更加用心地做事。

有一天,公司接了一笔很大的广告业务,老板派黄期带着娇娇去和客户进行洽谈。本来这是一件十拿九稳的合作,黄期他们为该客户设计的广告也已经准备好了,但就在准备签约的前一天,对方却突然打电话来说,他们对另外一家广告公司的广告创意更满意，所以不准备和黄期他们公司签合同了。

黄期对此非常恼火，便在电话里很不客气地指责客户不守信用。这时候娇娇在一旁说，让她试试，事情也许还能挽回。黄期也实在没办法了，就死马当活马医吧，同意娇娇去试一下。

让黄期没想到的是，第二天一上班，老板就非常高兴地告诉大家，娇娇用她自己的作品挽回了与客户合作的机会，为公司增加了一笔大业务。这让黄期几乎不敢相信自己的耳朵，他从老板的表情里，看到了和以往不一样的含义。在往后的一段日子里，娇娇屡屡做出让客户们拍板的广告创意方案，所以在老板心目中的地位越来越高。又过了半年，娇娇取代了黄期的位置，黄期感觉在这家公司待下去也没什么意思了，就主动辞职离开了。

实事求是地说，娇娇刚开始时并不优秀。但是，她愿意不断学习，不断进步，即使屡战屡败，也要屡败屡战。结果本来就是广告传媒专业毕业的她，最终脱胎换骨，让自己在工作上得心应手，还超越了自己的上司。作为反面例子的黄期也启示我们，即使你是很有经验的职场"前辈"，如果不学习、不进步，最终也只能把机会白白让给别人。

很多人身在职场却并没有意识到不断学习的重要性，这类人往往自我感觉良好，一是认为个人能力出众，二是认为自己有学历，工作过一段时间后甚至觉得连资历也有了，于是就变得格外自信，对工作中的学习不屑一顾，甚至觉得是在浪费时间。结果，自认为的优势不再是优势，甚至丧失掉了个人竞争力，连工作机会都没了。

瞬息万变、竞争激烈的职场随时都在考验着我们的能力。而只有不断坚持学习的人，才能适应职场的各种变化，且不会被职场淘汰出局。如果放松了对自己的要求，不再去"充电"学习，迟早会在职场里遭遇危机。切记，你不学习不代表竞争对手不学习，你不努力不代表竞争对手不努力。你一旦放松了自己,就会有被人超越和取代的危险。

学力,也就是学习能力,是每个想在职场里更好地生存与发展的员工所必须具备的。同时,很多著名企业都很注重员工学习能力的培养。学习能力既是让自己在职场中保值和增值的前提,也是工作本身对每个人的要求。每份工作都有标准和要求,要达到这个标准和要求,就必须经常充电与学习,而且你把标准和要求定得越高,越能激发你自己的学习热情和兴趣。如果能这样,你的成长与进步必定会来得更快一些,更容易适应职场的竞争环境,拥有更好的前途。

成功是失败之母，优秀是卓越的大敌

绝大多数人都知道"失败乃成功之母"这句话，其实如果你留意观察那些曾经很成功但后来遭遇惨败的个人、企业和组织，你会发现，成功也是失败之母！在失败面前，如果我们能屡败屡战，并学会寻找正确的方法去应对，那么"失败乃成功之母"。当我们取得了成功之后，如果就此满足于现状，故步自封、不思进取，我们其实已经走上了失败之路。长此以往，失败是迟早的事。

国内曾经有一个著名的公司叫旭日升集团，开始很辉煌，后来却惨淡收场。这家公司从巅峰迅速滑落到低谷的过程很值得世人借鉴。1993年，"旭日升"在创始人段恒中大胆果断的改革后，成为河北旭日集团。"旭日升"的辉煌也由此拉开序幕。眼光独到的段恒中将目光锁定在了茶饮料上，因为当时的国内市场还没有同类的产品。

结果，"旭日升"冰茶这款概念非常新的饮料，由于没有任何竞争对手，所以一经上市，便受到了消费者们的极大欢迎。一夜之间，"旭日升"冰茶的名字响遍神州大地。接下来，才短短几年时间，"旭日升"便以极其强劲的势头走在了饮料市场的前端。

"旭日升"的辉煌令同行的竞争对手们都纷纷想办法切入这个市场，抢一块"蛋糕"。这其中，就有实力特别强大的两家企业：康师傅集团和统一集团。很快，这两家大公司便推出了更新的茶饮料——"冰红茶"与"冰绿茶"。

第八章 不断进化
公司提倡好"学力"，我一直在学习中升值

沉浸在巨大的市场成功里的旭日升集团，这时候根本没有意识到危机正悄悄来临。结果，等到康师傅、统一这些巨头们的冰红茶、冰绿茶等产品，一步步吞食掉旭日升的冰茶市场份额时，旭日升才开始感到事态的严重性。等旭日升意识到危机重重时，老板带着公司骨干马上应对。他们先是迅速推出了几款新型的茶饮料，然后将高层管理者进行了大换血，加入了一批新鲜力量。

令人遗憾的是，这些措施已经挽不住旭日升此时的颓势。这时候，国内饮料市场的变化早已一日千里，茶饮料市场已被康师傅和统一两家企业牢牢占据。过了没多久，"旭日升"商标被江苏苏州法院强制拍卖。至此，"旭日升"的传奇画上了一个悲情的句号。

"旭日升"失败的原因无疑是多方面的，但最主要的一点还是集团的高层管理者们过于沉溺在自己过去的成功里面，结果竞争对手们纷纷超越了自己，自己还仍在原地踏步。市场竞争是激烈且残酷的，在危机到来时，不能及时和正确地应对，就很容易被对手打败，甚至再也没有翻身的机会。

当然，并非所有的成功都是"失败之母"，但若是沉溺于自己过去的成功不能自拔，就很容易在未来失败。沉溺于成功里会很容易麻痹自己，觉得过去的一切都是最好的，依照过去的老方法、老经验，就能一直成功下去，永远立于不败之地。其实，这只是自己在欺骗自己。要知道，没有谁能将一种经验一成不变地用下去，也没有谁会在原地等待我们，如果今天自己不主动往前走，明天对手就会走到我们前面去。

所以说，如果在巅峰的时候不能保持一个清醒的头脑，那么过去的成功就很可能会成为未来的"失败之母"。这启示我们：成功只代表过去，不代表现在，更不代表将来。只有放下过去的成功，才能获得未来更大的成功。

曾经有一本叫《从优秀到卓越》的书，在全球商界都非常畅销。这本

书的作者叫柯林斯，是美国当代最杰出的管理学家之一。在这本书的第一章里，他就提出了一个明确的观点：优秀是卓越的大敌。

有人对这句话很不理解。为什么优秀会是卓越的大敌呢？优秀者再往前付出足够的努力，就晋升为卓越了。应该说"优秀是卓越的基础"才对啊，为什么柯林斯会那样说呢？其实，在职场里有一些已经取得了阶段性成功的人，后来却失败了。从这个角度来看，这类人的优秀确实成了他们迈向卓越的阻碍。

梁炎是一家企业的老板，王伟是他手下的一位副总经理。在梁炎开始创业的时候，王伟就已经跟着他了，属于公司的元老级人物，为公司的发展和成功立下过汗马功劳。公司发展顺利走上了轨道后，王伟也被任命为副总经理，并且薪水待遇福利等在所有副总经理里是最高的。而且，梁炎还给了王伟很多在工作上自由发挥的空间。

当上副总经理后，刚开始时王伟表现得还是很不错的。然后一段时间以后，他就变得越来越随心所欲，自由散漫甚至目中无人了。

公司中高层管理者开会的时候，他总是找各种借口经常缺席；梁炎交代给他去办的事情，他也总是敷衍了事，结果差错不断。最让梁炎难以忍受的是：王伟居然偷偷地在外面办起了工厂，干起了"私活"。尽管这些梁炎都看在了眼里，但考虑到企业目前处于腾飞期，正急需用人，所以对王伟还算宽容。然而，他多次找王伟谈心，王伟依然故我。

后来，在一次重要的公司中高层会议上，坐在最前排的王伟居然在众目睽睽之下，毫无顾忌地呼呼大睡。虽然旁边的人几次轻轻把他推醒，但没过两分钟，他又睡着了。梁炎当时非常生气，在会后对他进行了一番批评教育。可惜，无论怎么说他，他就是不改。无奈之下，梁炎最终把王伟辞退了。

离开公司后，王伟便全身心投入他自己办的公司。然而，他很快就发现，自己创业原来会面临如此多的困难，完全不是自己原来想象得那么简单。很快，王伟的公司因为销售渠道没能打开，以失败告终。

后来，王伟给梁炎打电话，委婉地表达了自己想再回原公司的想法。但梁炎拒绝了，他对王伟说，当初自己给过他机会，现在即使想回来，他的位置也早已经被人替代。如果回来只做一名普通员工，王伟恐怕也不会接受，所以这件事就没有了下文。

这个案例告诉职场里的我们，优秀、有能力、为公司做出了贡献的人是应该受到尊重和器重的。但是，由于自己优秀就开始觉得自己很了不起，越来越听不进别人的意见、越来越不尊重老板和公司的规章制度，是职场的大忌。在这个案例里，王伟的优秀成了他迈向卓越路上最大的敌人，并且还打败了王伟自己，让他连优秀都失去了。

可见，在职场里，无论我们取得了多大的成就，坐在多高的位置，做出过多耀眼的业绩，都要学会放下，不沉溺于过去的成功。成功是失败之母，优秀是卓越的大敌。

成功者学习别人，失败者学习自己

在学习方面，有一句话挺有名："成功者学习别人的经验，失败者学习自己的经验；成功者每天检讨自己，失败者每天检讨别人。"成功者为什么喜欢学习别人的经验呢？因为别人已经验证过是可行的经验和方法，自己可以直接拿来用，万一有用，自己能少走很多弯路；别人尝试过不可行的经验和方法，自己可以引以为戒，不去使用，其实这也让自己少走很多弯路。毕竟每个人的时间和精力都是有限的，能少走弯路就尽可能少走。

失败者喜欢学习自己的经验，但自己又没有多少已经证明可行的成功经验和方法，所以，就整天地去摸索。所以，失败者要走很多弯路，才能摸索出来一点点可行的方法。时间宝贵，所以尽可能学习别人有效的经验和方法，才能及早赢得职场的成功。

2009年10月的某一天，在NBA球队丹佛掘金队的主场百事可乐球馆里，有一位年轻人正在挥汗如雨地练习着定点跳投、突破、移动、控球……高强度的训练让这个叫阿隆·阿弗拉罗的小伙子不停地喘着气，汗水浸湿了他的训练衫，但是他还是一刻不停地努力训练着。

当球馆里的掘金队的队员们都已经结束了一天的训练，作为队员之一的阿隆·阿弗拉罗还是舍不得离开，他还想再训练一会儿。一位队友调侃他说："嘿，阿隆，你还不走吗？我要开着你的车回家啦，到时候你就只能坐公交车回家了。"阿隆·阿弗拉罗回应道："抱歉，我的车太旧了，你坐上去以后会感觉很不舒服的！"

第八章 不断进化
公司提倡好"学力",我一直在学习中升值

大家还是没等阿弗拉罗,就先行离开了。因为大家都知道阿弗拉罗是出了名勤奋刻苦,早出晚归地疯狂训练已经成了他的一个习惯,也可以说是他的一张标签。队友们都陆陆续续离开了,阿弗拉罗在做完技术训练后,又拉着训练师一起去做力量训练。

凭借数年如一日的艰苦训练,阿弗拉罗这位天赋平平的小伙子先是挤进了丹佛掘金队的轮换阵容,后来更是打上了主力,成为主教练麾下的一员大将。

这时候的他可以说是成功了,因为他在2007年参加NBA选秀的时候,几乎没有俱乐部想选他。最后在第57顺位被底特律活塞队选中。在活塞队里,他没有得到任何重用,连上场的机会都极少,两年后他被交换到了丹佛掘金队。不过,阿弗拉罗并没有放弃自己。通过自己日复一日的刻苦练习,他终于从一个几乎没有机会打上比赛的边缘人,成为球队的轮换球员,最后还成为主力球员。

不过,如果我们站在另一个角度看待这个问题,又能得到不一样的启示。作为一个疯狂提高自己实力的球员,阿弗拉罗却只能打上先发主力,连联盟里的普通球星都不是,更不要说是全明星、巨星和超级巨星了。

在NBA里,一名球员能否取得成功,天赋很重要,但并不是最重要的,训练方法是否科学先进,才是最重要的。例如,一些和阿弗拉罗一样天赋平平的球员,如约什·霍华德、约翰·斯托克顿等,通过自己在正确、科学的方向上刻苦训练,为自己打出了一片天地,成为联盟的巨星,享誉全世界,名利双收。

阿弗拉罗虽然成了球队的先发队员,但付出了不亚于其他任何人的刻苦努力,最后却没能成为哪怕是球星,和他的训练方法有着密切的关系。因为他每天都只是在做着让他进步极微小的重复性训练,这样的训练不可能带给他质的飞跃,他永远都是在模仿、学习他自己,从来不学习别人。这样做的后果只能是使他成为一名合格的球队先发主力,却永远也成不了一名真正的球星。

每次球队比赛失利后，阿弗拉罗都会低垂着脑袋，狠狠地将毛巾抓在手里，捏成一团，然后紧咬嘴唇。等所有人都已经回家了的时候，他又开始在球馆里继续进行机械性的练习了。他努力地模仿自己，却没有向一些优秀的球星学习经验、方法。因此，他职业生涯的最高成就，就是成为一名普通先发主力，仅此而已。

我们深入研究一下NBA历史上那些声名赫赫的超级巨星，几乎都是不断地学习其他成功人士的经验的。例如NBA"历史第一人""篮球之神"迈克尔·乔丹，年轻时除了和阿弗拉罗一样比所有人都勤奋刻苦地练习技术和力量外，还努力学习"天行者"大卫·汤普森的扣篮；科比·布莱恩特则努力学习过迈克尔·乔丹的技术动作，学习过奥拉朱旺的"梦幻舞步"……结果，迈克尔·乔丹不但是十个赛季常规赛的得分王，还九次入选防守最佳阵容，甚至两度斩获扣篮大赛的冠军！换言之，乔丹通过学习前人的优点，然后刻苦训练，使自己成为方方面面都全能并且第一的超级巨星。难怪他会成为"历史第一人"。

科比·布莱恩特则是后乔丹时代最耀眼的超级巨星之一。他的技术已臻成熟，甚至还常常像奥拉朱旺一样施展迷踪步，令球迷们赏心悦目。相比而言，同样付出了差不多刻苦努力的阿弗拉罗，由于不去学习别人的优点，把自己的成就最后局限在了一名普普通通的NBA先发主力上了，真替他可惜。其实如果他能够在自己的短板、劣势上向那些最拔尖的同行学习，然后刻意练习，是可以大幅度提升自己的实力水平的。

不仅仅是体育界，其他领域同样如此。如果我们一直待在自己的小圈子里，不去学习他人，不多增加一些见识，即使我们每天再努力，也进步得极其微小。关于这个方面，以思想为例，我们很多人恐怕都听说过这样一句话："假如你有一个苹果，我也有一个苹果，我们把手里的苹果互换，结果还是每个人只有一个苹果；假如你有一种思想，我也有一种思想，我们把思想彼此交换，我们每个人就有了两种思想。"

在职场中，我们一定要主动去开阔自己的眼界，发现别人的优势、经验和方法，然后有选择地学习别人的优势、经验和方法，取长补短，不断提升自己。这样的你，才会在职场里越来越有竞争力。

要学以致用，更要"用以致学"

"学以致用"很好理解，就是把我们所学到的知识、技能、方法等运用到实际工作当中去，帮助我们取得良好的回报。"用以致学"的意思是，根据我们工作的需求，有针对性地去选择学习的内容和方式。

在职场里，如果你是新入职的员工，既想快速提升自己，又想为公司做出一些业绩，就一定要既能学以致用，又能用以致学。对于职场老员工来说，学以致用很重要，用以致学更重要。因为老员工对于工作所必须的知识、技能都已经掌握了。这时候，若想提升自己的业绩和成就，就必须懂得用以致学，有针对性地提升自己各项需要加强的能力，或者需要在某一时期内提升的能力。

在"用以致学"方面，最常见的做法之一就是，按当下或者不远的将来的工作所需，去学习相关的东西。一句话概括就是："工作需要什么，我们就学习什么。"

大成产业株式会社是韩国的一家著名企业。在这家企业里有一位被韩国秘书界称为"秘书界教母"的人物，她叫全圣姬，是大成产业株式会社会长金英大的秘书。从 1979 年开始，当时已经 37 岁的全圣姬担任了金英大的秘书，此后三十多年里，她一直在这个位置上工作着，没有人能替代她。她被很多人赞赏为完美的秘书，拥有强大的办事能力，情商很高，深谙为人处世之道。无数当领导的人都对全圣姬佩服甚至崇拜不已。

全圣姬能成为秘书界人人夸赞、学习和推崇的第一人，肯定有其过人之处。那么她是怎样做到的呢？其实，她一直是"用以致学"的典范。例如，为了做好秘书工作，她学习了一辈子的外语。当公司准备与日本企业合作时，她马上去学日语；当公司和法国企业要合作了，她又跑去学法语；后来，公司要和中国企业合作，她立刻开始学起了中文。到了50岁时，为了提高自己的英语水平，她还跑到学校去和一群十几岁的高中生一起上课，学习英语。

又如，老板喜欢喝普洱茶，她就潜心研究泡普洱茶的技巧、方法，最终她做到了将普洱茶泡了二三十次后，还能将茶味维持得很好的地步。从这两个事例，你应该已经明白，为什么全圣姬能成为秘书界的标杆人物、老板心目中的最好秘书了吧。

这种不需要老板交代，自己就能主动按照工作需要去学习，且能够学精学透的人，又怎么会不受老板器重、不被同行尊敬甚至崇拜呢？这样的员工，哪家公司离得开呢？

"用以致学"的第二个常见做法是，围绕着某个目标去学习、钻研。换言之，就是给自己树立一个明确的目标，然后围绕这个目标，不断地学习、钻研下去，直到目标达成为止。

曾被评选为全国劳模的陈素萍，是浙江隆中公司的质量总检验员。她文化程度并不高，但却始终给自己设目标，勇挑重担，还利用业余时间学习了大量在工作上用得到的专业知识。

有一年，公司计划开发一种安装在发动机里的零件。这种零件之前一直依赖进口，国内还没有人能生产得出来。这虽然只是个零件，但技术含量要求很高，加工难度也很大。为了解决技术难题，公司专门成立了一个研究小组，陈素萍是小组中的一员。接到任务后，她给自己定了一个目标：一定要解决掉这个难题。

在接下来的一个多月里，她和其他组员一起，每天都很认真投入地研究、分析，然后不分昼夜地反复试验。最终，他们成功了，填补了国内的一个空白。这个项目后来还获得了"浙江省科技进步二等奖",她也因此被评选为全国劳模。陈素萍虽然不是名校科班出身,也没有过硬的专业知识,但她懂得用以致学的道理,通过不断学习和充电,弥补了自己的不足,最终为公司立下了大功劳。

离开学校以后,很多人就不愿意再学习了。因为在他们看来学习是一件苦差事,而且付出了也不见得一定会有回报。于是,越不想学习,发展得越慢。但职场里也有一些人,能够先给自己定一个高目标,然后用以致学,围绕着目标去学习,最后学以致用,创造出一个又一个让人惊叹的好成果。

"用以致学"的第三个常见做法是,为了创新而去学习。换言之,就是把已知的方法先放一边,然后不断地思考,看看有没有更好的方法,来帮助自己去改进自己的工作。全国劳模、陕西西安铁路局工务机械段维修班工长、被誉为"工人发明家"的蔡富平经常在这一方面进行"用以致学"。

那一年,当襄渝线、阳安线刚刚被投入运行时,蔡富平先是被分到承担突发事故抢修的重要工务段工作;后来,又被调入科技含量较高的工段修配所工作。当时,初中毕业后就辍学的蔡富平,知道自己要学习的东西真的是太多太多了。不过,他主要学习的内容,都是围绕着自己的工作以及创新上。

在工作之余,他几乎把所有时间都用在了学习上,所以,他在专业知识上的累积非常快。当他掌握的专业知识与技能越来越多时,他产生了要亲手制作维修工具的念头。想到就去干,于是他陆陆续续研制出了很多工具,在这其中,仅仅是他研制发明出来的打桩钻、卷板机等,就已经为单位节约了上百万元。

有一次,蔡富平他们负责进行一项桥墩加固工程。刚开始时,这项工程的施工进度很慢,原因是作为主要施工器械的钻机经常产生故障。为此,蔡富平竟然跟同事们说,他要研制出一台好用的钻机来。大家都觉得他的想法太异想天开，认为如果连他这样一个初中学历的人都能发明出价值好几十万的钻机，那生产厂家早就该倒闭了。没想到，蔡富平真的去干了。经过多次实验和不断努力，他真的把钻机研制了出来。钻机投入使用后，工程进度大大加快。最后，任务提前完成，公司也节省了不少钱。

虽然蔡富平只有初中文凭，但是他的学习能力却不输任何一个大学生。更关键的是，他能够围绕着要创新的目标去学习必需的专业知识与技能。在学以致用以及用以致学的行动中，他创造出了一个又一个奇迹。

总之，身处职场的我们，不但要懂得学以致用，更要能够用以致学，这样我们才能不断为公司创造出好业绩、好成果，才能不断地提升我们自己的实力。

让你不断进步的"三大法宝":反省、总结、改善

那些最受公司欢迎的员工,往往是总能高效率地工作的员工。为了让自己一直都那么杰出,那些优秀好员工保持着终身学习的习惯,所以他们能不断进步与成长。那么,他们具体是怎么来让自己不断进步的呢?有"三大法宝",分别是:反省、总结和改善。

所有高效率员工都有一个共同的特点,那就是每天都会反省自己。所谓反省,就是反过来审视自己,检讨自己的言行,看一看自己有没有需要改进的地方。反省是人们自我认识水平提高的动力。反省是人们认识自我、发展自我、完善自我和实现自我价值的最佳方法。

你不妨在每天的工作结束时好好问一问自己下面的问题:"今天我到底学到些什么?我是否对所做的一切感到满意?我有什么样的改进?"真诚地面对这些问题,就是反省。其目的是要不断地突破自我的局限,省察自己,改进自己,让自己每天都过得更快乐一些,最终能够拥有丰富多彩的人生。

在某世界 500 强企业的一个分公司里,每个工作日结束时,员工们都会抽出下班前的五分钟,聚集在一起,做一次"晚祷",主要内容是,由领导带头朗诵下面这几句话:"我今天的工作是否存在不足?我今天是否有偷懒行为?我今天在工作中是否尽了全力?我今天是否做过损害别人的事?我今天是否说过不当的话?"

有人可能觉得这种反省的方式过于呆板,但其精神可以借鉴。对于个

人来说，方式可以灵活机动，只要是反省自己，随时随地都可以进行。人们建立自我反省机制的宗旨就是为了反观自我的不足，以达到改善自我、提升自我和健全自我的目的。

反省的立足点和取向主要是针对自己的不足。我们要经常反省，是因为我们都不完美，总会有个性上的缺陷、智慧上的不足，而年轻人更缺乏社会历练，常常会说错话、做错事、得罪人。我们反省的目的在于建立一种监督自我的、畅通的内在反馈机制。通过这种机制，我们可以及时认清自己的不足，及时匡正不正确的人生态度和习惯。良好的反省机制是人们心中的一种自我清洁系统，或称之为自动纠偏系统。反省是人们砥砺自我人品的最好磨石。反省能使人们的想象力更敏锐，能使人们真正认识自我。

曾子说过："吾日三省吾身。"这是圣贤的修身功夫，凡人不易做得到，但时时提醒自己，检视一下自己的言行并非太难。一个人有了不当的意念，或做了见不得人的事，能瞒得过其他任何人，但绝对骗不了自己。

人之所以会做对不起别人的事，一方面是外界的诱惑太大，另一方面是自己的欲念太强。常常做自我反省的人，能增强自己的理智，明确地知道什么是自己该做的，什么是自己不该做的。

反省自我的方式灵活多样，或写日记，或静坐冥想……反省自己不拘泥于形式，只要认真去做，便对你很有用。

除了每天养成反省自我的习惯，还要善于总结。有成功人士说过，凡事都有总结的必要，凡事都有改善的余地。先来说"总结"。善于总结，能不断增加我们的学习能力，还能让我们不断进步。

在工作中，无论是失败的教训还是成功的经验，其实都值得总结。失败了，反省自己为什么会失败？下次该怎样才能避免？成功了，经验又在哪里？下次可不可以再用，能不能再改进？诸如此类。任何时候，善于总结，都是改进工作流程、找到工作诀窍的最佳途径。

李欣在商场某专卖店里当促销员，负责高档女鞋的销售。为了服务好顾客，她下了很多功夫，做了很多努力。除了学习相关的专业知识外，她还在工作中总结出了一套"贴心服务六法"，并将它拿出来与其他同事一起分享。由于效果显著，她的服务渐渐成为商场里的一面旗帜。

她总结出来的"贴心服务六法"体现在售前、售中、售后三个环节。例如在售中，可以采用"迎声倾身服务法"。具体指的是，当顾客到柜台后，要面带微笑地对顾客说"欢迎光临XX专柜！"并使用倾身服务法为顾客服务，具体做法是，请顾客在试鞋凳上坐下，在距客人半米的位置，以"倾身式"蹲姿将鞋盒放在身前的地面上，然后取出鞋，清除鞋内杂物，松开鞋带，双手呈坡式，鞋跟朝前，然后将鞋递给顾客，并准备好鞋拔，请顾客试穿。

这些看似微不足道、实际上对服务顾客非常有帮助的细节，都是她经过反复观察和实践，才摸索出来的。正是这些注重细节的良好服务，令顾客对她这家店非常满意，好评如潮。这启示我们，只要善于总结有效的工作方法，总结得多了，工作起来就会随之变得高效而轻松。

在工作中，做得好的方面，我们一定要及时总结出方法与规律来，让自己和他人都能在未来应用得上。除了要会总结，我们还要懂得在现有的基础上不断改善自己。当然，反省和总结，就是为了改善自己，让自己不断进步。

章力是一家饭店的大堂经理。有一段时间，他为就餐高峰期上菜太慢而不断被客人投诉的问题所烦恼。他也想了一些办法，但效果并不明显。为了彻底解决问题，他决定对饭店所有客人的投诉记录进行分析。最后，他发现在就餐高峰期，收银员会同时录入十来份菜单，而每一张需要近两分钟，再加上经常还需要接订餐电话，时间还会延长。

由于厨房不能及时看到菜单，所以上菜太慢也就在所难免。于是，章力和老板商量，多招了一个录入人员。但很快发现，这样做的效果也太不明显，而且每天的高峰时间毕竟不长，为此额外增加一个人手，其实并不划算。

通过反复的思考和实践,章力终于想到了解决的办法:要求每个服务人员为客人点完菜后,要随时注意客人的桌面,如果五分钟后菜还没端上来,就要及时和划单员沟通,而划单员对照客人的单子,发现很长时间都没有上菜了,就应该及时催菜。这样一来,出菜慢的问题就解决了,客人们抱怨的现象也随之消失。

这虽然是工作中的一件小事,但章力的工作方法和思路却很值得借鉴。有时候,问题往往不是一次就能解决的,或者尽管解决了,但却不尽如人意。这时候,我们就需要反复琢磨,一次又一次地改进,最终找到最好的方法。

总之,为了让自己不断地成长、进步,我们一定要掌握好"反省""总结""改善"这"三大法宝",努力让自己成为一名高效率、不断学习的员工。

学会归零，拥有让自己"重生"的能力

20世纪80年代，国内曾上映过一部红遍大江南北的电影，叫《小花》。这部电影的热映，捧红了一批演员，其中一位叫唐国强。过了没多久，他又在电影《孔雀公主》里再次大放异彩。于是，他便给全国人民留下了深刻的印象。

那时候的唐国强，可以称得上改革开放以后我国电影界的第一位偶像派演员，因为他外形俊朗、气质不凡。也因为他外表太出众了，所以被很多观众称为"奶油小生"。刚开始他没觉得这个外号没有什么问题，但时间一长他才逐渐有了危机感。原来，他发现这不是个什么好名称，觉得它的潜台词是："你不行了，现在老了，还能装嫩吗？该下台了！"

有危机感是对的。如果还满足于出演类似"奶油小生"这样的角色，随着年龄的增大，自己很可能就连这样的角色都没得演了。所以，他下定决心改变自己，突破自己。从哪里寻找突破口呢？他决定归零，换一种角色去演。研究了一番以后，他计划从他喜欢的历史类人物入手，开始转型。

他开始每天研究历史，勤练书法，由内而外地贴近每一个要塑造的历史人物。过了一段时间以后，当他再次亮相荧屏时，已完全没有了"奶油小生"的影子，转而成了气蕴深厚、深藏不露的一代名相诸葛亮。

在塑造诸葛亮这个角色大获成功之后，他又在《雍正王朝》《大唐情史》《永乐皇帝》《南越王》《长征》《贞观长歌》中或扮演皇帝或扮演领

袖，每一个角色都被他演绎得栩栩如生，让观众过目难忘。于是，很多喜欢他的观众都夸赞他演的皇帝已经是"最好的"皇帝了，别人演的都比不过他。

这时候，他又开始对自己"不满意"起来。他坦诚地说："演皇帝已经快把自己掏空，再演就会黔驴技穷了。"很快，他接到了一个新的角色，是去塑造伟人毛泽东的形象。有些人对他演毛泽东不怎么看好，因为他长得不太像毛泽东。

但他对自己充满了自信。为了演好这个角色，他通过研究毛主席的著作去了解人物，并通过历史文献资料去仔细琢磨毛主席的表情与动作。当电视剧播出时，唐国强又一次征服了观众，大家都认为他塑造的毛主席形象非常成功。

尽管取得了一次又一次演艺事业上的成功，但唐国强并没有沉溺在这些成功里面，反而是继续迎接下一个全新的挑战。套用某句名言来形容唐国强，就是"唐国强不是在演绎最好，就是在去演绎下一个最好的路上"。

唐国强过去的演艺事业历程，给了我们这样的启示：在取得一次巨大成功之后，要学会归零，敢于一切从零开始，去挑战下一个"最好的"，直到赢得全新的成功。为什么唐国强能一次又一次成功，一次又一次做到最好？因为他拥有了让自己"重生"的能力。

重生的过程是艰难的，类似于凤凰涅槃、化蛹为蝶，但如果你想在人生的旅途上、在你热爱的职场里创造一个又一个成功，就一定要学会归零，能够一切从零开始，让自己每一次都完美"重生"。

唐国强过去的演艺事业历程还启示我们，其实，每个人都拥有很多没有激发的潜能。美国学者詹姆斯有这样一项研究成果："普通人只发挥了他蕴含潜力的十分之一。与应当取得的成绩相比，我们不过是半醒着的。我们只利用了我们身心资源很小的一部分……"

有很多人在取得了一定的成绩后，都会认为自己的水平已经到了一个极高的层次，所以不愿意也不相信自己还能往更高的地方攀登，不相信自己还有没被挖掘出来的生命潜能。

我们来看一看日本音乐家小泽征尔青少年时期的一段经历，看看在挫败与侮辱面前，他是怎么做的，是如何让自己不断学习、成长的，是如何让自己"重生"为更好的自己的。

从小时候开始，小泽征尔就显露出了与众不同的音乐天赋，所以，父母让他上了日本最好的音乐学校，去学习指挥。他以优异的成绩毕业后，马上去欧洲继续深造。很快，他就在贝桑松国际指挥比赛中获奖。不但如此，他还得到了世界著名指挥家卡拉扬的欣赏与亲自指点。这对于一个从事音乐尤其是指挥的人来说，是莫大的荣耀与幸运。

在欧洲深造的两年，他进步神速，成了相当引人注目的指挥家。然后，他受聘于美国纽约爱乐乐团和美国最大的演出公司——哥伦比亚艺术公司，成了一名乐队指挥。

他的成功引起了日本广播公司交响乐团领导的高度重视。他们聘请他回国，担任该乐团的常任指挥。能为自己的祖国效力，他非常高兴，于是马上接受了聘请。然而，当他满怀信心和热情回到日本，准备在舞台上一展自己的风采时，却在第一次正式演出过程中遭遇了一件让他感到愤怒和耻辱的事情：乐团的成员一个也没有到场！偌大的舞台上，只有他一个人。

原来，虽然他在国外获得了很大的成功，但国内的这个乐团的成员们却对他很不服气。因此，他们拒绝参加演出。这件事给年轻气盛的小泽征尔带来的打击可想而知。虽然这次回到祖国后遭受了如此冷遇，让他感受到了前所未有的愤怒、挫败和侮辱，但他并没有灰心丧气。不久后，他毅然离开日本，去了美国。

到了美国后，除了潜心学习之外，他还担任了芝加哥乐团在拉维尼亚音乐节的指挥。同时，他还兼任加拿大多伦多乐团的指挥。丰富的阅历使他积累了丰富的经验，让他的指挥技艺更加精湛。

又过了五年，他离开了美国，然后到世界各国去旅行，并经常担任客席指挥。各种不同的音乐流派、艺术风格他都接触过，并经过他的博采众长、整理加工，逐渐形成了他自己的风格。西方舆论界称他为"当今世界著名指挥家"。当他再次回到日本时，他已经创造了很多音乐家难以媲美的辉煌，并受到了日本各方面的热烈欢迎。

从优秀到挫败，再到更优秀、更辉煌，小泽征尔可以算是经历了一次"重生"，然后让自己变得更耀眼了。这启示我们，在职场中，无论我们遭遇到什么样的挫折与失败，都不要心灰意冷，而应该及早让自己学会"归零"，让自己敢于一切从零开始，让自己"重生"为一个更好的自己。

只要你想学，职场处处可"充电"

当你信心满满地进入职场时，有没有发现自己的能力原来这么弱，知识储备原来那么不足？当你在追求职场成功，欲一展抱负时，是不是发现职场里处处卧虎藏龙？如果这两个问题，你的答案都是肯定的，那么你现在最需要的就是迅速有针对性地学习，提升自己的职场实力。用通俗的话来说，你需要"充电"了。

你可能会问，在职场里，究竟该如何去"充电"呢？其实，只要你善于发现和利用，职场里、社会上，处处是"插座"。在如今这个时代，无论是公司内部，还是公司外部，都有很多让职场人"充电"的机会。例如，在公司外部，那些方兴未艾的职业技能培训机构、学校、补习班、网络教室、实战演练等，都能为职场人提供学习和深造的机会，让职场人能更迅速地弥补自身的不足。

很多公司自己内部也会时不时组织一些内部专题培训班、讲座，方便内部职员提升自己某些方面的知识与技能。这同样是给自己"充电"的好机会。

身处职场，只要你能学会利用这些"充电"的平台和机会，根据自己当下最迫切的需要，以及将来的规划，有目的性地学习，就总能给自己"补充电能"，"战斗力"满满，竞争力强大。

进入职场后，钟坤被公司领导安排去做的工作基本上都是事务性的，但他在大学学的是行政管理。所以，他觉得专业没能对口，所以情绪有点儿低落。于是，有一天下班后，他找到一位从他进公司以后就对他很照顾的、在工作上做得挺出色的老员工，诉诉苦。

钟坤对老员工说，自己原本是希望能在职场里成为一名管理者的，因为这样的话，自己就可以像稻盛和夫一样，最终创造出一套属于自己的管理与经营哲学。

听了钟坤的话，老员工报以善意的微笑，然后，他说，他还希望自己能成为第二个松下幸之助呢，但是根本没有哪一家公司会让一个初入职场的小年轻直接去当领导的。即使公司老板真的让他做，他也很难胜任。

老员工的话说到了钟坤心坎里去了。他静下心来思考了一下，发现自己在能力上确实还远远不够，实践经验上就更欠缺。

老员工让钟坤消化了一会儿自己的那番话后，继续开解他说："不用太着急，路都是慢慢走出来的，你现在其实学习的机会有很多，只要你能从自己的工作中好好学习，只要你能有针对性地提升自己必须要提升的能力，等你具备了足够的实力时，等你足以胜任领导岗位时，即使你不主动向老板提出来，老板也会主动重用你的。"

为了提升自己的实力，钟坤开始努力为自己"充电"。他在自己的工作中，具体地了解了相关客户的详细资料，摸清了公司业务往来的一些渠道。他也特别善于从细节处学习，在与客户打交道的过程中，掌握了不少沟通技巧与谈判方法。

通过不断学习与实践，一年后，他的个人能力早已超过了同时入职的同事，以及一些工作了好几年的老员工。不过，他并没有满足于现状，而是继续不断地给自己"充电"。他购买了一些关于提升业绩的技巧方面的书，从里面的案例分析和方式指导中学习到了更多的交际学问。他还报考了国内某名校的MBA（工商管理硕士）课程，进一步充实自己的专业知识与技能。

经过工作中的不断磨炼，与学习上的不断积累，钟坤的个人实力与执行力,都已经到了足以能在公司里脱颖而出的地步。果然如那位老员工一年前说的那样,当你的实力足以胜任时,老板一定会肯定你,赏识你,重用你。

几年过去了,如今,钟坤已经成为市场部经理,是一位既有丰富的理论水平,又有强大的执行力的管理者。虽然事业小有成就,但他表示自己还要继续"充电",向更高的层次进发。

钟坤通过在工作实践中,以及理论知识上,不断为自己"充电",终于实现了最初成为管理者的梦想。在这个过程中,我们能看到,只要我们愿意去"充电",并有针对性地学习和提高,我们就可以从中学习到很多东西,使自己有所收获和进步。

当今职场,竞争激烈,再加上科技的发展真的是日新月异,如果不能不断地给自己"充电",还真的很有可能在一段时间后,慢慢地被社会甩在后面,越来越不适应职场的变化。

从另一个角度来说,职场人想要做出一番成就,实现自己的职业梦想,也一定要具备一种"职场处处可充电"的心态,然后不断用行动落实,如此才能不断提升自我的实力,更好地为公司提供价值,进而不断成就自己。

在上大学时,静涵所修的是计算机专业。毕业后,她进入了一家大型国企,负责的工作是企业官方网站的后台维护。然而,她的大学同学在毕业后,大多数都从事IT(互联网技术)行业,薪水收入要比她高出很多,发展势头也比她好得多。静涵在深思熟虑之后,决定跳槽离开这里,去寻找一份IT方面的工作。

由于自己在大学里所学的知识很有限,根本无法胜任IT行业里她想要去应聘的岗位的工作,于是她听从了好朋友的建议,参加了几个月的IT培训,然后很快就找到了一份还不错的工作。

进入IT行业后,为了能尽快胜任新工作,她继续不断地有针对性地

"充电"。她的工作还和金融方面有一定的联系,所以,她又利用业余时间,通过网络教程,学习了一系列的金融方面知识,从而大大提升了自己的实力,让自己在工作上做得更得心应手。

通过自己在工作上的不断努力,以及实力上的不断提升,现在她的薪水已经比以前翻了三倍。她认为,自己能有如此长足的进步,首先要归功于有针对性地给自己"充电"这种做法。

有针对性的"充电",能让我们迅速学习和掌握一些必须马上用到或者在不远的将来能够用到的全新的知识与技能。事实上,即使你已经具备了某一方面的知识与技能,但通过"充电"也能使知识与技能得到进一步的巩固与强化。总之,有针对性的"充电",一定能促进自己整体能力的提升。

无论你是职场新人,还是职场老员工,如果想提升自己的职场竞争力,在激烈的职场竞争中稳操胜券,都应该习惯于经常给自己"充电"。而在现在这个时代,只要你想学习和提升,处处都可以"充电"。

第九章

用好创新

公司要求适时创新,
我向创意要业绩

Make good use of innovation

向自己要创新，向创新要业绩

我们正生活在一个信息爆炸的时代，知识更新换代的速度快得惊人。在这样的生存大环境里，对企业而言，只有不断创新，才能保持快速发展的态势和比较强大的竞争优势。对个人来说，创新是一个员工增强自身竞争力的有效途径。从某种意义上来说，创新力造就了竞争力。一名员工拥有着出色的创新能力，就能在众多竞争者中脱颖而出，并迅速地超越竞争对手，抢得先机。

在一个居住了上万人的大型社区里，开着好几家洗衣店，在其中的一家洗衣店里，有一位年轻的员工，叫兰兰。兰兰不但认真敬业，还富有创新精神。在做好平日里的工作外，她还一直在思考着，怎样才能让社区里的居民增加送洗衣服的数量和次数。

众所周知，洗衣店通常都会在每一件熨好的衬衣领子上外加一张硬纸板，以防止其变形。兰兰决定在这个上面做文章，她想：我能不能让这张三角纸板更具有价值呢？

有一天，她突然来了灵感，有了创意。她发现，其实可以在纸板的正面印上彩色的广告，背面则印上一些别的东西，如孩子们的拼图游戏、家庭主妇的美味食谱、全家可在一起玩的游戏等。

兰兰把自己的想法告诉了老板，老板很高兴地接受了她的建议，并让她马上着手去落实。她很快便把自己的想法变成了现实。结果，这些纸板大受欢迎。有些家庭主妇为了搜集到兰兰的食谱，把原本可以再穿的衬衣

第九章 用好创新
公司要求适时创新，我向创意要业绩

也送来熨洗。兰兰的创新之举不仅使洗衣店节省了一笔不少的广告费，还为洗衣店带来了巨大的经济效益。老板给了兰兰很好的奖励。过了一段时间后，老板的另一家新店准备开张营业，兰兰则成了新店的店长。

兰兰之所以受到老板的重用，原因在于她是一个善于开动脑筋想问题的有心人，为了洗衣店生意兴隆，她别出心裁地用了一个很有创新意义的好方法，从而在工作中一举两得，既实现了自己的创意想法，又为老板带来了丰厚的利润。

在职场中，很多员工认为自己资质平平，所以觉得创新是老板、领导们的事，与自己无关。其实这种认识是不正确的。正如原美国通用电气公司董事长兼CEO杰克·韦尔奇说过的那样："我们每个人都有可能成为创新的人，关键看我们有没有创新的勇气与能力。"

一家公司的发展与创新，来源于有创新精神和创新能力的员工。员工是否具有创新精神和创新能力，越来越被现代企业的管理者们所看重。所以，每一个对自己前程负责的员工都应该在自我超越的过程中坚持不断创新。要知道，哪怕有时候只是你一个很小的发现与创新，也有可能为公司带来非常可观的利润，创造出令人惊叹的好业绩。

凯恩刚开始是公司产品设计部的一名普通员工。有一段时间，他的牙龈总是一刷牙就出血。他想，会不会是因为自己刷牙时动作太重了，所以导致了出血？于是，在下一次刷牙时，他尽可能地使动作放轻一些，没想到牙还是出了血。

于是，他开始认真地寻找一刷牙就出血的原因。由于职业关系，他猜想问题可能出在了牙刷上。他首先想到可能是牙刷上的毛太硬了，假如让上面的毛柔软一些，是不是就不会刷出血了？他连忙把牙刷放到开水里去泡了一会儿。等牙刷毛已经被泡软后，他马上拿来刷牙，然而牙龈还是出血。最后，他换了一种思考方式：会不会是牙刷毛顶端太过尖锐，所以刺破了牙龈，造成了出血？

他找来放大镜，仔细地观看牙刷毛的顶端。然后他发现每一根牙刷毛的顶端都是呈四角形的。他想，如果能把牙刷毛顶端磨成圆球形，那就不会划破牙龈了。他兴奋地把他的设想告诉了公司。公司觉得这是一个极好的主意，马上予以采纳。

后来生产的牙刷全部都是牙刷毛顶端磨成了球形的。这种牙刷在市场上推出后，销路极佳，销量很快跃居全国第一，每年的市场占有率都在30%至40%之间。这种牙刷已经畅销了二十多年，至今仍长销不衰。最终，凯恩因其巨大的贡献得到了公司的青睐与重用。多年以后的今天，他已经成为这家公司的副董事长。

为什么凯恩能被公司青睐与重用？凭的是他在工作中的积极创新，他为公司创造的非凡业绩。在工作中，刚开始的时候，你也许很普通、很平凡，但是只要你能积极地向自己要创新，向创新要业绩，你就一定会被公司重用，获得在职场中更好的发展机会。

在如今这样一个充满激烈竞争的时代，每一个员工都应该时常反思一下自己：我今天在工作中积极创新了吗？我所做的这些事情能为企业带来好业绩吗？如果你的回答是肯定的，那么恭喜你，你是一个具有创新精神与创新能力的好员工，如果你坚持长期这么做下去，相信你会得到很多机会的眷顾和垂青的。

积极创新不仅能给人带来好的业绩，还会给人带来很多发展、提升自我的机会。有人常常埋怨命运不公平，别人的机会多多，自己却永远只能默默无闻。其实不然，命运公平地垂青每一个人，只要你善于为公司解决问题，富有创新精神，拥有创新能力。总之，如果你想做时代的骄子，就请你积极创新吧；如果你想要创造出好业绩，请向自己要创新吧。

第九章 用好创新
公司要求适时创新，我向创意要业绩

拆掉思维里的墙，机会就会来找你

众所周知，加拿大北部山区到了冬天会非常寒冷。有一年冬天，那里的电话线又被大雪压断了，维修起来非常困难。当大雪封山的时候，人们更是无法及时清除电话线上的积雪，恢复通信线路。

这一天，一位电话检修工人对同事感叹道，这种鬼天气，恐怕只有上帝拿着大扫帚来扫雪，才能把雪扫下来了。没想到他的话让旁边的一位工作人员很有触动："上帝来扫雪，那不就是从天上来扫吗？如果我们让直升机在电话线上飞来飞去，是不是可以成功地把电话线上的积雪吹掉？"

这位工作人员马上把自己的想法报告给了电信公司。电信公司同意了他的想法，并请来了直升机。果然，利用直升机螺旋桨产生了强大气流，电话线上的积雪很轻松地就被清除了。

很多时候，解决问题的方法除了来自别人已经证明过有效的方法外，还来自对事物的细心观察、用心琢磨而产生的创意、灵感上。如果你习惯于思考，如果你拥有强大的创造力，就一定会比他人更善于解决问题，发明制造出新产品。

著名职业生涯规划专家古典曾提倡职场人士要"拆掉思维里的墙"，就是因为只有打破常规，才会产生解决问题的创意，才会制造出大受欢迎的东西。可以说，能够拆掉思维里的墙，从现象和细节中寻求灵感，然后找出方法或者做出新产品，往往让你成功的机会就来了。

有位中国游客到韩国旅游时，受朋友所托在韩国的一家超市里买了30斤泡菜，装了满满四大袋。在带回住处的路上，他感到手里的四个大袋子越来越重，勒得手很痛。他想把袋子扛在肩上，却又担心弄脏了身上穿的新西装。

左右为难之际，他突然看到了街道两边茂密的绿化树。这时他计上心来，然后放下了袋子，在绿化树上折了一根树枝，准备用它来拎泡菜袋子。正当他为自己的"发明"而高兴的时候，一位韩国警察把他拦住了，说他损坏树木、破坏环境，要罚他50美元。

他只好认罚了。交完罚款，他郁闷地拎起四大袋泡菜继续赶路，心中既舍不得那50美元，又觉得自己被韩国警察罚了款，是给中国人丢了脸。他越想越窝囊，干脆放下袋子坐在了路边，看着来来往往的人流。

这时，他发现很多路人和他一样，都气喘吁吁地拎着大大小小的袋子，任凭手掌被勒得发紫也无计可施。这时候，他突然想，为什么不想办法做出一个既方便又不勒手的提手，专门卖给韩国人呢？一定会很有销路。想到这里他精神一振。

回国后，他一头扎进了方便提手的研制之中。最终，他的产品终于制造出来了。然后，他先是将提手拿到当地的市场去卖，还免费送给那些在街头拎着重物的人使用。很快，使用这种提手的人越来越多了，这种方便提手畅销起来了。紧接着，他要让方便提手打进韩国市场。经过前期大量市场调研和商业动作、推广，一周后，他接到了韩国一家大型连锁超市的订单，一下子净赚了200多万元人民币。

这个用方便提手征服韩国消费者的人叫韩振远，凭着这个灵感与创意，他赚到了上几百万元，用时不到一年。

韩振远的成功其实离我们并不遥远，他和我们一样普普通通。但是，由于一个偶然的尝试他触摸到了创新的边缘，又由于遭遇到罚款的挫折真正激发出了创新灵感，并最终创业成功。这样的经历，足以给我们每个想通过创新去收获职业成功的人以自信。

创新不仅仅是科学家、发明家的事，普通人同样可以创新，同样能通

第九章　用好创新
公司要求适时创新，我向创意要业绩

过创造出新产品，来为自己赢得成功与财富。关键在于，我们要学会拆掉思维里的墙，打破常规。

克兰是专售巧克力的商人。每到夏天，他便苦闷异常，因为巧克力在高温下很容易变软甚至融化。这导致他的巧克力销售量急剧下降。在冥思苦想了一段时间后，他制造出了一种专供夏天消暑用的硬糖，在造型上则一改常见的块状、片状，转而被他压制成了一个小小的薄环。1912年，他正式批量生产这种被他命名为"救生圈"的薄荷糖，结果颇受大众欢迎，至今仍在畅销。相信你一定听说过"有个圈的薄荷糖"这句广告语，说的就是这种薄荷糖。

戈德曼是如今在超级市场里人人都会用到的购物手推车的发明者。1937年，他在美国俄克拉何马城的一个超级市场里，观察到顾客们都挎着、背着装满物品的筐和口袋，排着队等待着结账。他突然来了灵感，于是试制了一辆四轮小型推车。结果，他的推车一经使用，就很受消费者和超级市场的老板们喜欢。在注册了发明专利后，他通过这种四轮小型推车，变成了富翁。

克鲁姆是炸马铃薯片的发明者。1853年，克鲁姆在萨拉托加市的高级餐馆里担任厨师。一天晚上，餐馆里来了位法国人，吹毛求疵，总挑剔克鲁姆的菜不够味，特别是油炸食品太厚，无法下咽，令人恶心。克鲁姆气愤之下，随手拿起一只马铃薯，切成了极薄的片，骂了一句便扔进了沸油锅中。结果，这些炸马铃薯薄片好吃极了。他自己也品尝了几片，确实香酥可口。不久，这种金黄色的、具有特殊风味的油炸土豆薄片就成了美国特有的风味小吃。至今，它仍是美国国宴中的重要食品之一。

哈姆威刚开始时是一名糕点小贩。1904年，在美国路易斯安那州举办的世界博览会期间，他被允许在会场外面出售甜脆薄饼。他的旁边是一位卖冰激凌的小贩。夏日炎炎，冰激凌卖得很快，不一会儿盛装冰激凌的小碟子便不够用了。在旁边卖甜脆薄饼的哈姆威，连忙把自己的热煎薄饼卷

成了锥形，卖给顾客们当作小碟子用。结果冷的冰激凌和热的煎饼巧妙地结合在了一起，受到了出乎意料的欢迎，被誉为"世界博览会的真正明星"，获得了前所未有的成功。这就是今天我们还在吃的蛋卷冰激凌的前身。

这些创新故事，都在启示我们，在工作中遇到了困难，我们不要埋怨公司，抱怨别人，不要总觉得自己的运气差。试想一下，同样是一起工作的同事，为什么别人能够拨云见日，享受成功呢？因为别人勤于思考，创造力与执行力都很强大。

很多时候，其实只要转换一下思路，把常规的东西巧妙地变成不常规的东西，就已经完成了很好的创新。甚至很多我们现在还在用的东西，当年很多都是在无意中被创造出来的。但是，有创意的人很注意观察事物的现象和发展规律，很善于读懂事物的细节，所以就创造出了当时甚至现在都大受欢迎的产品。

拆掉思维里的墙，机会就会主动来找你。你完全可以试着改变自己看问题的角度，你也可以借助逆向思维、侧向思维、发散思维等各种方式思考和解决工作中出现的问题，创造性地完成每一件日常工作中的任务。当你做出了出色的业绩后，老板和公司一定会重用你，这时候，你的机会就来了。

第九章 用好创新
公司要求适时创新,我向创意要业绩

在执行中创新,会有更好的结果

任何一位想薪水上涨、获得晋升机会的员工,都一定会努力让自己的每一次执行收获一个完美的结果。只是真要做到这一点,可不容易。要成为一位杰出的执行者,就一定要让自己拥有创造力。无数事实证明,在执行过程中,若能适当地创新,会让我们的执行结果更加好。

相信任何一位职场资深员工都知道,在执行时,靠听话照做或者过去怎么做现在就怎么做,然后一成不变地照搬过去的经验与方法,往往执行效果会很差。要知道,"老办法解决不了新问题"。所以,我们必须学会让创造力与执行力结缘,在执行中发挥自己的创新思维,主动改善和优化流程,提升执行效率。

山东皇明太阳能集团创始人、总裁黄鸣还是普通员工时,有过一段让执行力与创造力结缘的经历,很值得我们学习。

1982年,大学毕业后的黄鸣被分配到了国务院地质矿产部(该部门现已撤销)石油钻井技术研究所的技术装备室。工作了两年后,地质矿产部进行了一个斥资几十亿元的大型设备改造项目,目的是为了提升钻井勘探的技术水平。当时,部里把这个课题交给了比黄鸣所在的装备室的级别和规模更高一级的装备研究所,为此还专门召开了钻机改造方案的评审会。那时候,黄鸣抱着学习的态度也参加了评审会。

在评审会上,有几位年龄比较大的高级工程师给大家介绍方案。黄鸣听得很仔细,但听着听着,他突然发现方案有问题。首先,方案里有很多理论依据、设计计算，与他在大学学习过的专业教科书以及他所看到过的国内外相关文献不符；其次，实施方案缺乏可操作性，设备改造方案与现场情况有很多不符之处。

为什么黄鸣能听出这些问题来呢？原来，在大学期间，他的专业课学得非常深入，每门功课都是优。在实习期间，他则把整个井架、钻台、动力系统等都摸得一清二楚，然后写了一份厚厚的实习报告。参加工作后的这两年，他每天都特别关注各种专业动态，还写过几篇专业的文章，在发表后曾引起过业内人士们很大的关注。

所以，他能快速地捕捉到方案的不足。于是，他把认为不妥的地方逐条记了下来，最后总共列出了二十几条。等这几位高级工程师讲完了方案，然后让大家提意见的时候，他鼓起了勇气，一口气讲了十几条，大多都很有创新性。一气呵成地讲完后，他怀着激动的心情坐了下来。

不过，评审会结束后，他的心情却开始有些忐忑了。因为他觉得自己在评审会上的表现有些不知天高地厚了。当天晚上，领导把他找去了。让他没想到的是，大家对他在会上提出的意见都非常重视，为此还特意开了一个会来进行讨论，认为黄鸣提的很多建议都非常重要，数据也很翔实。这说明现在这个方案还不成熟，存在着漏洞，需要马上进行调整。

上级领导经过慎重考虑，决定把设备改造项目的任务分一半给黄鸣他们科室，由黄鸣牵头，形成竞争。同时，正式通知黄鸣加入设备领导改造五人小组。最终，黄鸣不负重托，带领课题小组顺利完成了任务，并获得了部里的科技进步二等奖。从此，他不断承揽科研课题，并且年纪轻轻就当上了科研室副主任，成为所里的科研骨干。这也为他日后的创业打下了坚实的基础。

谈到思考、创意、创新、创造力之类的词时，很多人会把它们看得很神秘，认为这是专业人士甚至是科学家、发明家才能干的事情。其实，这些离我们一点儿也不遥远。谁都可以创新，而且在日常工作中，就有很

第九章 用好创新
公司要求适时创新，我向创意要业绩

多创新的机会。抓住这些机会，我们就能创新。让创新与执行结合，就能大大改善我们的工作，让我们执行得更加到位，执行的结果让单位更加满意。

万财是一家五星级酒店的客服部经理。有一次，他去参加了一个同行的聚会。在聚会上，有位同行讲了一件发生在他酒店里的事。

有一天，在这位同行供职的酒店里，一位服务员在给一位外出的客人的房间打扫卫生时，一名小偷绕过放在门口的清洁车，大摇大摆地走进了该房间，然后对服务员说："抓紧时间清理，我需要马上休息！"然后拿起床头的电话，假装给某个客户打电话，一边打电话还一边做手势，示意让服务员赶紧打扫。服务员一看，以为是客人回来了，于是赶紧打扫完这个房间，然后关上房门出去了。

结果，这名小偷拿走了客人放在房间里的 2 万元现金和一台笔记本电脑。客人回来后发现自己的财物被盗，马上报了警。后来，虽然酒店给了客人足够的赔偿，但酒店的声誉还是大大受损。

在座的人听了这件事后，大多都是感叹了一下，但万财却认真地琢磨了起来。他想，虽然他们酒店从来没发生过这样的事情，但不代表以后永远不会发生。怎么样做才能防患于未然呢？这个问题让他琢磨了好些天。

终于有一天，他想到了一个好主意，那就是把清洁车打造为临时"防盗门"。在和清洁车生产厂家的技术人员进行了仔细沟通后，他请厂家过来给每一辆清洁车都做了一点儿改造，安装了一些固定装置，然后规定所有的服务员在给外出客人打扫房间时，必须将清洁车从房间里面将房门堵上，并固定好。如果客人回来，要先请客人出示房卡，经过确认后，才可以移开清洁车。

这个很有创新性的改造，在刚刚开始实施时，也被有些客人抱怨过很不方便，但听到服务员的解释后，客人对这贴心服务都表示了赞赏与支持。口碑相传之下，这家酒店的生意变得越来越好，这项创新可谓是非常

有价值了。

我们试想一下,在执行过程中做出这样的创新,其实并不难。关键看一个人是否具备那种主动思考的心态与习惯。如果没有这种心态与习惯,再有价值的东西我们都会充耳不闻、视而不见,意识不到它对改善我们工作的意义。

切记,无论我们身处哪个位置,如果能在自己执行的过程中,主动思考,经常琢磨,然后适当地加入创新,就一定会让我们的执行力发挥得更好。所以,我们一定要学会让创新与执行结缘,不断帮助我们创造出惊喜的结果。

另辟蹊径是捷径：转换新思路，得到新出路

美国石油大亨洛克菲勒曾说过这样一句名言："如果你想成功，你应辟出新路，而不要沿着过去成功的老路走。"这启示世人，寻常的路往往是人最多、最拥挤的路，你不一定能挤得进去，只有另辟蹊径才是捷径。

那么，什么是另辟蹊径？为什么说另辟蹊径是捷径？我们不妨先看一看这个故事。

在某个周六的清晨，一位牧师正在准备第二天给信教民众布道的演讲内容。这一天是下雨天，牧师妻子出去买东西了，7岁的儿子正在客厅里吵闹不休，这令牧师烦恼不已，一直没想好演讲的主题。

牧师烦躁地拿起了一本旧杂志，一页页地翻阅着，一直翻到了一幅色彩鲜艳的图画——一幅世界地图。这时，他突然有了可以让儿子不吵闹的方法。只见他从这本杂志上撕下这一页，接着再把这一页撕成碎片，丢在地上。然后，他对儿子说："小约翰，如果你能拼上这些碎片，我就给你1块钱。"儿子答应了。

牧师以为儿子至少要花费整个上午的时间，才能把这幅世界地图拼好。没想到，不到十分钟，儿子就来敲他的房门了。牧师惊愕地看着儿子拼好的那幅世界地图，然后问儿子，为什么他能拼得这么快。

小约翰回答道："这很容易，在图画的背面有一个人的照片。我就把这个人的照片拼到了一起，然后把它翻过来。我想，如果这个人是正确的，那么，这张世界地图也一定是正确的。"

牧师开心地笑了，给了儿子1块钱。牧师既对儿子的机智感到开心，更对他找到了明天布道的主题开心。他明天布道的主题是：如果一个人是正确的，那么他的世界也会是正确的。

牧师的儿子小约翰用十分钟就拼好了世界地图，原因是他拼的是他熟悉的人的这一面，而不是他不熟悉的地图的那一面。这就叫另辟蹊径。在工作中，我们太多人习惯于中规中矩地去做事了，所以总是高效不起来。如果我们能在工作中懂得另辟蹊径，就可以节省很多时间和精力，取得事半功倍的效果。

此路不通，就要学会另辟蹊径。很多成功人士能够迅速成功，很重要的原因是，他们所走的路是与大多数人都不一样的路。我们不一定非要走前人已经走过的路，因为这样的路上人都特别多，特别拥挤。如果你能开辟出一条新路，就绝不会有什么人跟你竞争。所以说，能够另辟蹊径，就没必要因循守旧地继续走漫长的老路。

在职场里，很多人不懂得转换新思路，不去另辟蹊径，不能够在工作中创新，所以很难获得大幅度加薪的机会，也很难被公司重用。

工作并不是简单的重复作业，而职场其实是一个智商的较量场。作为员工，只有充分利用自己的智慧，多开动脑筋去想办法，才能把工作做好，才不会眼睁睁地看着本属于自己的机会白白溜走，更不会让自己整天忙忙碌碌却毫无收获。成功，在于不走寻常路；工作，需要另辟蹊径。

廖基程是一个善于另辟蹊径、转换思路、懂得创新的人。在工厂劳动时，廖基程经常看到，由于大部分零件的精密度都非常高，为了防止零件生锈，工人们都必须戴着手套进行操作，而且手套必须套得很紧，手指头也要能灵活自如，这样一来，戴上脱下相当麻烦不说，手套还很容易弄坏。每次看到这一现象时，他都会想：能不能发明一种戴起来很舒服、脱下来也很容易的手套呢？

有一次，在帮助妹妹制作纸制手工艺品时，他手指上沾满了糨糊。等糨糊快要干时，却变成了一层透明的薄膜，紧紧地裹在了他的手指头上面。这时他突发奇想："这真像一个指头套，要是厂里的橡皮手套也这样方便就好了！"

这个想法出现以后，就在他脑海里时不时浮现。第二天他醒来时，他没有马上起床，而是躺在床上思考着，能不能发明出一种类似于糨糊一样的液体，手往这种液体里一放，然后一双又柔又软的手套便戴好了；等不需要这双手套时，手只要往另一种液体里一浸，手套溶于该液体中就能消失掉。如果这个想法能实现出来，肯定会比现在这样天天戴上和脱下橡皮手套要方便得多吧。

到了公司后，他把这一大胆的想法向老板做了汇报。老板对此十分重视，马上组织相关人员，成立了一个研究小组，同时把廖基程也从生产车间调到了这个组里。

通过这个小组的反复研究与试验，一种叫"液体手套"的东西被发明了出来。人们在使用这种手套时，只需要将手浸入一种化学药液中，手就会被一层透明的薄膜罩住，像真的戴上了一双手套似的，而且手套非常柔软舒适，还有弹性。当人们不需要这双"液体手套"时，只要把手放进水里一泡，手套便会溶解在水里，消失掉。就这样，廖基程另辟蹊径的创新思路变成了现实。而他本人，也越来越受到公司的重用。

想别人想不到的，做别人做不到的，你在职场里就一定会出人头地，平步青云。在职场里，很多员工虽然爱岗敬业，但却一切因循守旧，缺少创新精神，认为创新是老板的事，与自己毫无关系，自己只要把分内事做好就行了。其实，这样的想法实在要不得。

纵观事业上取得巨大成功的人，他们往往不是那种爱从常规角度去考虑问题的人，而是习惯于站在创新的立场上去考虑各种问题的人。总能想到别人想不到的、做到别人做不到的职场人，往往能摆脱本行业条条框框的束缚，乐于接受其他领域里的优秀思想，习惯于尝试用不同的角度看待各种事物，所以他们总能另辟蹊径，做出令人惊叹的成就。如果你也想在职场里取得大成就，不妨多向他们学习，并勤于实践。

"此路不通"时，赶紧寻找新的方法

如果有一天你开车去某个地方，眼看就要到达目的地了，这时前方突然出现了这样一块警示牌："此路不通！"你会怎么应对？

有些人在遇到这种情况时，会继续往前走，不撞南墙不回头。这种"勇往直前"的一根筋的选择，结果可想而知。路牌上早已说了"此路不通"，所以这种人最后只能在碰了钉子后灰溜溜地掉转车头，原路返回。这种人在工作上常常会因"一根筋"的性格而多次碰壁，结果消耗了自己太多的时间与精力，做了很多无用功。

有些人在这种情况下会选择驻足观望。他们会把车子停下来，不再往前走，因为"此路不通"。但他们也不愿意掉头原路返回。为什么会这样呢？一个原因是，他们认为自己已经开车走了这么远，再回头的话心里总有一份不甘心，另外也还有一点点侥幸心理；第二个原因是，他们会觉得，要是回头了，其他的路也行不通，该怎么办？结果，这种人就选择了驻足原地良久，既不进也不退。这种人在工作中常常会因为性格懦弱与优柔寡断，从而丧失了一个又一个机会，空留无尽遗憾。

还有一些人会选择毫不犹豫地掉转车头，去寻找另外一条路。也许会再次碰壁，但他们仍会不断地进行尝试，直到找到那条可以到达目的地的道路。这种人是工作中真正的勇者与智者，他们懂得变通，敢于尝试，勇于创新，所以总能寻找到解决问题的方法。

这是一座美丽的城市，旁边有一条大河流过。原来这条大河河水清澈，如今却受到了严重的污染。为什么会这样呢？因为城市里兴建起了很多工厂，纷纷往河里排放污水。河流被严重污染后，下游的居民受害严重，苦不堪言，所以就不断地向当地环保部门举报这些工厂，要求这些工厂马上想办法解决污水处理的问题，要不然，就请所有的工厂都搬离这里。

后来发展到每天都有数十位居民轮流到环保部门办公楼前面静坐抗议，环保部门只好迅速联合当地有关部门，尽快找到解决问题的办法。刚开始，他们想到的办法是，对排放污水的工厂进行罚款。然而，罚款之后，污水仍然继续排到河流里面，对问题的解决起不到什么作用。从这条路走，已经被证明是行不通的了。

这时，有人建议定立新法规，强制命令排污工厂在厂内设置污水处理设备。本以为这个方法能让问题得到彻底解决，没想到，法令颁布后，那些工厂里的污水仍然不断地排到河流中去！为了逃过法律法规的处罚，很多工厂都想出了不少掩人耳目、瞒天过海的招数，真可谓是"上有政策，下有对策"，所以，污水仍旧一刻不停地流进河里。因此，这条路，也行不通。

环保部门只好集思广益，最后还真的找到了有效的方法。采用了著名思维学家爱德华·德·波诺提出的设想：立下这样一项法律——每一家工厂的水源输入口，必须建立在其污水输出口的下游。

这项法令措施乍看起来挺匪夷所思的，但事实却证明它是一个有效的方法。因为它能够有效地促使工厂进行自律：假如自己排出的是污水，输入的也将是污水，这样一来，这些工厂能不采取措施去净化输出的污水吗？

"此路不通"就迅速转换方法，这样才能最终找到解决问题的办法。我们已经知道，任何一个卓越的人都是一个注重寻找方法的人。当他们发现一条路不通或太过拥挤时，总能及时转换思路，改变方法，寻找一条更为省时、通畅的路。

第九章 用好创新
公司要求适时创新，我向创意要业绩

在职场里，在工作中，其实皆是如此。一个优秀的员工也必定是一个善于变换思路和方法的员工，他不会固定一种思路，也不会迷信一种方法，他会审时度势，适时变通，懂得转换思路，在变化中迅速拿出新的应对方案。他总是坚信，只要思想不滑坡，方法总比困难多。

十多年前的某一天，江南春外出办事。在等电梯的时候，他突然听到有人抱怨说："这电梯也太慢了，等电梯等得我很无聊啊。"说者无心，听者有意。江南春从这个人的抱怨里却发现了一个大机会：如果电梯里有电视正在播放，人们在等电梯和坐电梯的时候，应该就不会感到无聊了，而且在里面做广告的话，效果也会比放宣传画要好很多。

接下来他又想：我在电视上播广告会怎么样？如果有比看广告还无聊的事情，我想大多数人还是会关注广告的。

当他发现了这一市场空白后，他马上采取行动，去把这一空白进行填补。他的第一步是从实施他的蓝海计划开始的。从他的传记里我们可以看到，2002年6至12月，他说服了第一批四十栋高档写字楼。2003年1月，他的三百台液晶显示屏装进了上海五十栋写字楼的电梯旁边。2003年5月，他正式注册成立分众传媒（中国）控股有限公司，并担任董事局主席、CEO。此时的他已决定绕开竞争激烈的传统媒体，走"分众"之路，专攻楼宇液晶媒体。

仅过了短短十九个月，他领导的分众传媒，利用数字多媒体技术所建造的商业楼宇联播网就从上海发展到了全国三十七个城市；网络覆盖面从最初的五十多栋楼宇发展到了六千八百多栋楼宇；液晶信息终端则从三百多个发展到了一万两千多个；分众传媒拥有了75%以上的市场占有率。

当今社会，企业竞争激烈，市场信息瞬息万变，在这样的环境下，江南春善于合理变通，勇于突破常规思路，发现市场空白，运用蓝海思维，发现蓝海商机，从而创造了一个全新的广告市场。

这启示我们，无论你是老板还是员工，想要取得成功，都必须懂得变

通。当"此路不通"时，就迅速换一条新的路去走；当"这个方法不行"时，就迅速换新的方法……这些都应该成为每一个职场中人的工作理念。

学会变通，勇于做一些别人没想到或不敢做的事情，比如反其道而行，又如走进某些禁区，那时我们或许就能打破条条框框的束缚，成为江南春那样勇为天下先的开拓者、发展者和领导者。

总之，要想让自己的工作做得更好，更善于解决问题，就一定要在工作中学会变通，发现"此路不通"后，就迅速换一条路去走。切记，在工作中，如果不能改变你手里的牌，就改变你出牌的方式；如果不能改变你自己，就改变你做事的方式。当你总能依据当时的具体情况，灵活运用应变招数，做到心中有数，那么，你的工作一定能更加得心应手。

第九章 用好创新

公司要求适时创新，我向创意要业绩

带着思考去上班，未来就由自己掌控

有个员工问他的老板："老板，我比你勤奋很多倍，你却比我成功很多倍，这是为什么呢？"老板对他的问题有些哭笑不得。在稍微想了一下后，老板回答他道："我为什么一定要比你勤奋呢？付出不一定就会有结果，勤奋不一定就会赚到钱。再说了，我也曾经勤奋过啊。很多年前，当我还是一名员工的时候，我比你勤奋、刻苦多了，但收入却没有你现在多。事实上，无论在哪个时代，任何人想仅靠勤奋就出人头地，那样的可能性很小。"

"那靠什么呢？"员工有点迷惑地问老板。

老板说："靠思考。我的长处就是提供机会，让别人来为我勤奋地工作，而不是让我自己比员工更勤奋地去工作。"

这位老板的话告诉我们，思考对于我们每个人都特别重要。日本"经营之神"松下幸之助认为，不会思考的员工是没有出息的员工。在工作过程中，我们不能总是一味埋头苦干，还要懂得发挥思考的力量。最好是能有一半的时间用于行动，另一半时间用来思考。

在工作中，如果一名员工疏于思考，其直接后果就是，工作方式变得单一、呆板。如果一名员工在工作中总是安于现状，不求新，不求突破，思想偷懒，那么他很难在工作中获得好的成绩。

在公司里，有些部门与员工的工作方法越来越雷同，毫无创意可言。造成这种现象的原因是这些员工都不爱思考了。为什么不爱思考呢？恐怕是缺乏思考的动力与压力。不思考，照葫芦画瓢，自然最省事省力。换了绝大多数人，如果有现成的办法可以照着做，当然就采用啊。何况大家都这样做，应该最保险吧？于是，由于这样做还对上有交代，对下有说法，同事之间也好相处，所以慢慢地，大家都不愿意动脑思考了。

其实，工作也是一个思考的过程；工作取得进步，就是一个思考深入的过程。思考得多了，想到的方法自然就更多更有效了。当一个猎人打到一只兔子时，他就会去想办法看看如何才能猎到一头鹿；当他猎到一头鹿时，他就会想如何才能打到一只熊。而只有这样不断地思考，不断地寻找更有效的办法，才能成为一名优秀的猎人。我们在工作上又何尝不需要像猎人那样思考呢？

在广告行业，曾流行过这样一句话："只要能够想到，就能够做到。"其实，无论在哪个行业，无论是创新者还是追求其他方面成功的人，这句话同样适用。

老杨是网通公司某支撑中心的主任。在公司里，他还有一个响亮的外号：网通的"思考者"。为什么他会获得这样一个外号呢？因为他无时无刻不在思考怎样更好地开展工作，如何使工作效率更高。

支撑中心每个月都有一项任务，就是将该月出账的用户收入拆分到各营销中心去。这项工作在过去一直是工作人员使用EXCEL（电子表格软件）表格来处理的。为了完成这项工作，工作人员往往要花费好几天时间。在这个过程中，大家经常会出错，从而总是对各营销中心的考核造成很大的影响。

对此，老杨开始思考了：能不能找到一个像"数学公式"一样的东西，将这些资料统一处理，提高效率呢？他马上想到了用数据库，利用数据库可以对众多繁杂的数字进行统一的管理，并且查找起来很方便，不容易出错。

于是，老杨利用午休时间编制程序，协助收入拆分和佣金结算，利用数据库将所有用户的收入及其归属进行归档。账务组在该程序的帮助下，提前三天准确地完成了各营销中心的收入拆分，大大提高了工作效率，并保证了公司经营分析数据的准确性与及时性。

在工作中，认真地思考遇到的每一个问题，不断思考如何解决，这是作为员工的你必须要做的事。任何公司都渴求积极主动、充满热情、灵活思考的智能型人才。这样的人才通常不会被动地等待别人告诉他应该做什么，而会主动地去了解和思考自己该做什么，怎么去做，并认真地规划它们，然后全力以赴地去完成。

当然，思考会受到周围环境的影响，所以，你必须要有一套科学有序的流程，来控制这些影响因素。被誉为"美国成功学奠基人"的奥里森·马登，对思维流程做出了科学的解释，并将如何思考归于以下这四点。

首先，发现问题。发现问题是整个思维过程中最困难的部分。要知道，在你提出问题之前，你不可能知道你要寻找的是什么解决方法，更不可能解决这个问题。

其次，分析问题。当你发现了问题后，你就要从所处的环境中发现尽可能多的信息。你要主动、迅速地去寻找尽可能多的相关资料，直到你已仔细、准确地分析了这个问题后，再做出判断。

第三，想出方法。通过思考或求教等方式，想出或找到切实可行的解决方法。在这一步骤里，创造性是很重要的。尤其是在采纳现成的方案时，要特别留心。如果别人也探讨过同样的问题，而且其解决办法听起来也适合于你的情况时，你就要仔细判断一下别人当时的情况与你的情况有哪些相似之处。

第四，科学验证。很多人到了上一步就停止了，但这样既不完整，又不科学。一旦解决的方法找到了，我们应该对其进行检验和证明，看看这些方法是否有效，是否能解决我们提出的问题。在检验之前你不可能知道这些办法是否正确。

总之，思考是人类独有的能力。我们有思维意识，有认识和发现的能力，还有反应和构思能力。我们通过思考、感悟和探寻而获取知识的能力，构成和决定着我们工作的结果。所以，你要带着思考去上班，让自己变得更加主动，这样，你的未来更容易由你自己掌控。

掌握激发创新的四种方法,每天"换一个大脑"

要不断提升自己的创新能力,让自己通过创造性的方法来解决新问题,就一定要掌握一些常用的激发我们创新意识和创新思维的方法。

想从因循守旧、不知变通、不懂创新的窘境里摆脱出来,就需要拓展思路,勤于在"新、奇、多、巧"这四个字上下功夫。久而久之,等你养成了习惯后,办事能力必定会大大提升,感觉自己仿佛每天都"换了一个大脑"似的,创意满满,灵感多多,创造力强大。

1. 在"新"字上下功夫

在"新"字上下功夫,就是说做事要有创新精神。在职场里,很多人都有一种依赖的心理,觉得在职场,反正有老板、上司和前辈们的指点和承担,自己只要按照他们的经验和做法去工作就可以了,没必要辛辛苦苦、搜肠刮肚、绞尽脑汁地去创新。

这种做法在刚开始时可能会让你挺省事,但时间一长,就会让你越来越没有创造力。而没有创新能力的你,将失去职场竞争力,很容易就被职场淘汰出去。如果是这样的结局,又何谈在职场里发展呢?

被誉为日本"经营之神"的松下幸之助,刚开始是由生产电插头起家的。他第一批生产出来的插头由于性能不好,产品销售大受影响,所以创业不久的他很快便陷入了困境。

有一天晚上,身心俱疲的他独自漫步在路上。这时,一对姐弟的谈话引起了他的注意。交谈的过程中,姐姐正在熨衣服,弟弟则想看书却无法开灯,因为那时候的插头只有一个,如果用来熨衣服,就不能开灯,两者不能同时使用。

这时,弟弟对姐姐说:"能不能快一点儿熨完,我还要看一会儿书呢。"姐姐只好哄着弟弟说:"好啦,好啦,我就快熨好啦。""老是说快熨好啦,但都过去半个小时了,你还没熨好!"弟弟不满地说道。为了争着用电,姐弟俩就这样争来吵去。

这时,松下幸之助突然来了灵感:如果发明一种两用的插头,能不能解决这种需要同时用电的问题?回去以后,他马上开始认真地研究起了这个问题。很快,他就想出了两用插头的构造。当这种全新的、可以同时两用的插头问世之后,其试用品一经上市便马上被买光了。于是订货的人越来越多,插头供不应求。于是,他开始增加工人,扩建工厂,提升产量。从此,他的事业走上稳步发展的轨道。

这个案例启示我们,在陷入困境之后,很多时候唯有在"新"字上下功夫,用创新性的产品,才能把我们从困境中拉出来;只有充分发挥你的创造力,你才能把握住发展自己的机会,收获你想要的成功。

2. 在"奇"字上下功夫

能想到别人还没有想到的方法、创意、点子、观点、理论等,能做到别人还没做到的事情,就叫"奇"。如果还能因此而成为赢家,就叫"出奇制胜"。

很多成功者和传奇人物都有过在"奇"字上下功夫的经历,在恰当的时候,他们反常用计,使出了出奇的招数,结果收到了出奇的好效果。

亨利·兰德平时很喜欢给女儿拍照。女儿则在每一次父亲为她拍完照后,都想第一时间先睹为快。换言之,女儿想在父亲给自己拍完照后,马上就能看到照片。他对女儿的这个愿望非常在意,于是便把它作为一种促进自己去发明创造的动力。

通过无数次的实验尝试，他终于发明了"拍立得"相机。这种相机的作用完全符合女儿的愿望：照片拍完后，马上就能看到照片。同时，他为生产销售这款拥有全新功能的相机而注册的公司——兰德公司也开始了运营。

"拍立得"相机正式投产后，应该如何宣传和推销这种新式相机呢？兰德经过慎重考虑，请来了当时美国颇有名望的推销专家霍拉·布茨。一见到"拍立得"相机后，布茨便对它心生好感，欣然受命担任专门负责营销的副总经理。

通过周密的调查、反复的思量，布茨认为迈阿密海滨是特别理想的推销场所。迈阿密海滨是美国著名的旅游胜地，每年来这里度假的旅客成千上万。为了把"拍立得"相机成功推广出去，布茨想到了一个出奇制胜的大妙招。

只见他专门雇用了一些泳技高超、线条优美的妙龄女郎，然后在海滨浴场游泳时假装不慎落水，然后再由特意安排的救生员将其救起来。制造出了如此惊心动魄的场面后，必然会引来无数围观的游客。这时，"拍立得"相机马上出来大显身手，眨眼的工夫，就把一张张记录当时精彩场面的抢拍照片展现在人们面前。

果然，游客们对此都惊讶不已，"拍立得"相机的推销员们便趁机大肆推销这款相机。于是，"拍立得"相机迅速由迈阿密走向了全美，成为美国最为热门的商品之一。如今，这款相机依然畅销不衰。兰德公司也因此名声大振，生意兴隆，财源滚滚。

布茨就这样在"奇"字上下功夫，让"拍立得"在营销上大获成功。事实上，在商界，借用全新的创意来让自己的产品出奇制胜的案例数不胜数。有兴趣的你不妨找来看一看。你一定能从中学习到对你有借鉴意义的好案例，然后给你带来很多灵感与思路，帮助你取得你期望的成功。

3. 在"多"字上下功夫

在"多"字上下功夫,是指一种方法行不通的时候,一定要再多想几种方法,然后从中选一种能解决当前问题的方法。

作为北京邮政最早的支局之一,北京东四邮局在过去这些年里,获得过无数的光荣称号,培养了一大批优秀的人才。这家邮局的服务水平非常高,用户提出的所有合理的要求,在这里基本上都会被满足。

有一天,一位小伙子来邮局办事。一进门,他就用满嘴方言的普通话跟营业员小马说,他父亲生病了,家里急需用钱,所以他希望办理即时汇款家里人即时就能收到的业务。小马建议他用邮政实时汇款业务。然而,在询问完小伙子的汇款地址后,她发现他家在偏僻的农村,所在的位置已经超出了实时汇款的范围。

一听到这种情况,小伙子更着急了。小马一边安慰他一边为他想办法。她通过邮政编码搜出来三十多个离当地能够实时汇款比较近的网点,然后又逐一询问了小伙子的家离哪个网点最近。没想到,这些网点都询问完了,也没找到离他的老家稍近的网点。这时,他已急得满头大汗。

小马让他别着急,又认真地再次筛选了网点,最后问他,某某县城可不可以。这时小伙子立刻说,那个网点离自己家最近,走路一个小时就能到。于是,小马第一时间帮他办理了汇款。两个小时后,小伙子的家里人打来电话说,钱已经收到了。

正是小马在"多"字上下功夫,一个方法不行,立刻又去想另一个方法,最后终于找到了解决问题的方法,给用户成功地排忧解难。这启示我们,在工作中,遇到问题时千万不要退缩,而应该多思考多想方法。相信你只要用心去多想几个方法,就一定会出现帮助你解决难题的方法。

4. 在"巧"字上下功夫

在"巧"字上下功夫,意思是说,要高效率地去执行我们的工作。具

第九章 用好创新
公司要求适时创新，我向创意要业绩

体来说，就是用最少的时间和成本，收获最大的回报。想要成就大事，必须懂得巧干，只懂得一味蛮干的人，很可能会一事无成。懂得巧干的人，因为善于抓住事物发展的规律与特性，所以总能把工作完成得又快又好。

有一句谚语说："巧干能捕雄狮，蛮干难捉蟋蟀。"这让我想起了这样一个故事：蚂蚁向来以勤奋工作著称。然而科学研究却发现，在蚁群里，虽然大多数蚂蚁确实都挺勤奋的，但蚁群里也存在不少懒蚂蚁。这些懒蚂蚁很少干活，总是东张西望，到处闲逛。

令人不解的是，占了蚁群中绝大多数的勤奋的蚂蚁，却都心甘情愿地养活这些不干活的懒蚂蚁。这是为什么呢？为了弄清楚其中的奥秘，有生物学家在这些懒蚂蚁身上做了标记，同时断绝了蚁群的食物来源，然后观察一下蚁群的反应。

没想到，这时候那些平日里工作很勤奋的蚂蚁都变得不知所措，而那些被做了标记的懒蚂蚁则成为蚁群的领袖，带着大家向它们平时早已侦察到的新食物源转移。

接着，生物学家再把这些懒蚂蚁全部从蚁群里抓走。随即，他们发现所有的勤奋蚂蚁都乱作了一团。直到懒蚂蚁被重新放回蚁群，整个蚁群才重新恢复到了繁忙而有序的工作中去。生物学家发现，大多数蚂蚁都很勤奋，但却离不开那些不干活的懒蚂蚁。懒蚂蚁在蚁群里的地位是不可或缺的，因为它们能看到组织的薄弱之处，拥有让蚂蚁群在困难时刻仍然存活的本领。所以，懒蚂蚁在蚁群里的地位不可替代。

在职场里，也有一些员工看起来像那些懒蚂蚁似的，平日里并没有忙忙碌碌的，但关键时刻却能看见他们力挽狂澜的身影。而且，他们很懂得巧干的重要性，总是能用比其他人少很多的时间，保质保量地完成同样的事情。所以，这类"巧干型"员工很值得我们学习。切记，巧干胜过蛮干。我们需要勤奋，但更需要高效的勤奋。